子どもを伸ばす父親、ダメにする父親

高濱正伸

角川新書

目次

第2章　親子で遊ぼう　基本の基本

第3章　親子で遊ぼう　野外編

第4章　探偵団シリーズ

第5章　父と子の絆を深める

まえがき

「夫婦って何のために必要なのだろうか？」

結婚について男性が思いをめぐらせた時に、一度は考えたことがあるでしょう。

「父親の役割って何だろう？」

子どもが出来た時に男が直面する悩みです。

子どもが生まれた時、女性は自然と母になるといいますが、男性はすぐには父にはなれないという話はよく聞きます。そのことに対して、妻は夫に対していらだつこともあるでしょう。父親自身はどうしていいかとまどうばかりかもしれません。

現代は、激動の時代です。

大人も子どもも、携帯電話を気軽に持ち、何でも検索できる――。当たり前のようですが、一昔前では考えられなかった変化です。検索しようと思えば、いくらでも古今東西の子育て論を調べて情報を得ることができます。特に、今は「イクメン」ブームですから、雑誌などでも父親の子育てについて目にする機会が非常に増えてきました。では、その大量の情報の中から「父親の役割」の正解を見つけ出せるのか。完璧な正解を探し出すのは難しいでしょう。「父親の役割」について、悩み、考え続けている間に子どもの方が大きくなってしまいます。子どもの成長は待ってはくれません。

私は、長年、子どもの「生きる力を育《はぐく》む」ことをテーマに、思考力・国語力・野外体験に力を入れた学習塾を経営してきました。その中で、子どもの背景にある家族や、夫婦関係、子どもを取り巻く環境が子どもの健やかな成長に圧倒的な影響力を持つことを実感し、子どもたちを伸ばすために何ができるかということと同時に、子どもたちが伸びるためには、母親と父親がどう在るべきか、ということを考えています。子どもの成長には、安定した母親像が必要である。その、安定した母親であるためにどうすればよいか、という視点で、「母親だからできること」という講演会を全国各地で、数百本も行ってきました。

また父親向けに「父親だからできること」という講演会も行っています。それは女人禁制（花まる学習会の社員の女性ですら聞いたことはありません）で、男性だけの空間の中で、夫婦関係の真理や、子育てにおける父親の役割について話す講演です。講演後には参加した父親にアンケートに回答してもらうのですが、そこで父親自身の生の声を聴かせて頂き、それに対して、現場で私が何百人もの母親から聞いたことをヒントに、一緒にいい解決方法を考えていきます。そしてそれをまた講演会に参加してくださる方々と共有していきます。実際の事例が一番、生きた知識で分かりやすいとのお声を頂いています。

花まる学習会は、今年で二十周年を迎えます。

本書では、この二十年間、現場でためてきた、様々な父と子、家族のエピソードを中心に、前半では家庭内における父親の役割について触れ、後半では、父と子の遊び方の具体例をまとめました。なぜ「父と子の遊び」というテーマを切り口にしているかの理由は、1章でふれていますのでぜひお読みください。

子育てに正解はありません。常に真摯《しんし》に子どもの成長と向き合い続けることが必要です。子どもについて、家族について、父親の役割について考え続けること。この本を手に取った男性の皆様にとって、本書が「夫婦でいる意味」「父親の役割」を考えるきっかけになれば幸いです。

第1章　父親の役割

1 「遊べない父親」とひきこもり

お父さんとの関係は子どもの一生を左右する

お父さんと子どもの遊び。一言で言ってしまうと、それは子どもにとって「単なる遊び」ではなく、その子の一生に関わる影響を与えるものなのです。

花まる学習会を始めてまだ間もない頃のこと。ある精神科医の方のクリニックと同じビルに事務所を構えた縁で、子どもたちのひきこもりや、家庭内暴力の相談を受けていました。ひとりひとりと向き合う毎日の中で、ある時、

「高濱さん、ちょっといいですか」

とひとりの女性スタッフに、呼び出された部屋に行くと、カルテが数枚広げられていました。

「これ発見だと思うんですけど」

と彼女は言います。私は、付せんのついた箇所を見て驚きました。

ひきこもりや家庭内暴力を起こしてしまっている子どもたちに、ある共通点があったのです。それは、

「子どもが父親と遊んだ経験が少ない」

「そういった状態になってしまっている子どもの父親が、『子どもとの遊び方が分からない』と言っている」

という点でした。

危機的状況にある日本の若者

「ひきこもり」の人数の増加は、危機的状況です。

平成二十四年版子ども・若者白書〈内閣府発行〉によると

「ふだんは家にいるが、近所のコンビニなどには出かける」「自室からは出るが、家からは出ない」「自室からほとんど出ない」に該当する者が、一二三万六千人。

「ふだんは家にいるが、自分の趣味に関する用事の時だけ外出する」に該当した者が、四六万人（準ひきこもりと定義）。

合わせて六九万六千人もの人がひきこもりの状態だといいます。

＊平成二十二年二月に「若者の意識に関する調査（ひきこもりに関する実態調査）」を実施し、十五～三十九歳の子ども・若者五千人を対象として三千二百八十七人（六五・七％）から回答を得た（平成二十二年七月公表）。

この数は政府発表の純然たるひきこもりの数ですが、ちょっと働いても長続きしない人などをカウントしたらその何倍にもなることは明らかです。これを見て、日本が今置かれている危機的状況に背筋が凍る思いを抱《いだ》く、といってもまったく大げさではありません。危機です。

日本は今、未来を担うべき人材が、部屋の中に閉じこもっているという危機なのです。可能性をたくさん秘めて生まれて来たはずの子どもたちが、なぜか「自分でメシが食えない」大人になってしまっている現状。将来の日本のためにもそれは何としても打破しなくてはならない。今、当事者である私たちが、未来のために、子どもたちを育てていかなくてはいけません。

「メシが食える大人」とは

「メシが食える大人を育てる」。これは、花まる学習会が一貫して掲げている理念です。具体的に言うと、「経済的な自立」「社会的な自立」そして「精神的な自立」、この三つを兼ね備えている人物が「メシが食える大人」であるといえるでしょう。

「経済的な自立」とは、自分ひとりが食べていけるだけの収入を得ること。将来的には配偶者や自分の家族を養う基盤を作ること。「社会的な自立」は、公私にわたる人間関係の中で「あなたは必要です」と求められる人材として、力をつけていくこと。「精神的な自立」とは、自らの確固たる価値観や人生観を持ち、どんな環境にいても仕事に生きがいを持てる人間になること（詳しくは拙著『わが子を「メシが食える大人」に育てる』〈廣済堂出版〉をご覧ください）。

ひきこもりは自立できていない顕著な例ですが、それ以外でも、経済的には自分で収入を得て自立しているが、自分の価値観や人生観は持っておらず精神的に自立していない大人。自分の価値観は大切にしているものの、「社会が自分に合わない」と言って仕事に就くことができず経済面では親の援助を受けている大人。こういったケースの場合も「自分でメシが食えている」とはとても言えません。

働くことは次世代に命をつなぐこと

私自身は教育という仕事を選びました。それは次の時代の人材育成に直結する仕事です。しかし、私はどんな仕事であれ、人がなぜ働くのかといえば、次世代に命をつないでいくためであると考えています。橋を造ること、ビルを造ることから、ＩＴ技術の開発に至るまで、究極的には次世代が健康で頑張って生きていくために、私たちは働き、日々、生きているのです。

けれど、その次世代が育っていない。もっと言うならば、ひきこもりの高年齢化にともない、次世代どころか、今、まさに、私たちが生きる社会の基盤が、社会の基盤であるべき「人」が揺らいでいるのです。

何としても、自分で「メシが食える」大人を育てたい。もっと、子どもたちに活力を与えたい。未来の子どもたちに豊かな可能性を残したい。

今、ひきこもりになってしまった人たちに、欠けていたものは何だったのか。何が原因でそうなったのか。そこから、今の子どもたちに何を伝えていけるのかを考えてみた結果、私が気づいたことのひとつが、「父と子の遊び」というキーワードでした。

将来、子どもたちがメシが食える大人になるために、身につけなければいけない様々な力は、「父と子の遊び」の中にあるのではないか。そこを充実させていくことで、子どもが本来持つ可能性の芽をぐんぐん伸ばすことができるのではないか。

それが「父と子の遊び」という、私の問題意識のスタートでした。


ひきこもりや、家庭内暴力。それらに関しては、「これまでどうやって育ててきたんだ」と特に母親に対して糾弾の矛先が向きがちです。また父親に矛先が向く場合でも、「これまで仕事、仕事で、父親が子育てに関心がなかったから、こうなったのではないか」と父親の子育ての無関心さを責めることが多いのではないでしょうか。

しかし、その「父親の子育てへの関心のなさ」という点を、もっと掘り下げてみると、特にその子どもの幼少期に、「お父さんが子どもと遊んでいなかった」という事実が、浮かび上がってきました。

「子どもと遊べないお父さん」というのは、実は様々なパターンがあります。大きくは、「遊ぶ意志のないお父さん」と、「遊ぼうとしても遊び方が分からないお父さん」に分けられるでしょう。

そもそも、「子育てを母親に任せきりのお父さん」には、父親が子育てで負うべき役割の重要性を伝えたい。「子育てには関心があるが、遊びは必要ないと考えているお父さん」には、一緒に勉強をすることよりも、一緒に遊ぶことのほうが、将来的には子どもたちの持つ本質的な力を伸ばしていくことができるという、「遊び」の可能性を伝えたい。

そして「遊ぼうとしても遊び方が分からないお父さん」（この相談が、最近では、一番多いです）。そんなお父さんには、具体的な遊び方の実践方法の部分で、引き出しを増やしてほしいと思っています。

2　家族の中での父親の存在とは

父親の存在の大きさを感じさせる

今、父親が本気で何かに立ち向かう姿を子どもたちが見る機会があまりに少なくなっています。

子どもたちは成長過程のなかで、一度は家族に対し反発する時期がきます。それは至極当然です。ただ、家の中での父親の存在が小さくなってしまっていると、その反発心がふくれあがり、制御が利かなくなり、家庭内暴力という形になってしまいます。

対処法として、まずは、父親の存在の大きさを感じさせること。大人や世間に対する反発心が消えることはないかもしれませんが、それとは別軸で、自分が知らなかった父親の偉大さを感じさせること。

子どもは基準を求める生き物です。小さい時に、わざと悪いことをしてみせるのも「これはやっていいことかな？」「ここまでやったら叱られるかな？」と領域を広げつつ、基準を確認しているからです。父親の偉大さを感じさせることは、ひとつの基準を子に示すことにつながります。「自分がまだ勝てる相手ではない強い父の基準」「自分がやがてこうなりたいという憧《あこが》れの父としての基準」、これを持つことで、子どもは広げようとしていた領域を収縮させ、安定するのでしょう。

昔、息子が家庭内暴力を起こしかけた家のお母さんに「父親の職場を見せるといいですよ」とアドバイスしたことがあります。

その子の父親の仕事は大工でした。普段、家ではだらだらしている様子のお父さんでしたが、外に出るとその姿は一変、部下にきびきびと指示を出し、時には怒鳴るように叱咤《しった》激励する父親の姿のかっこいいことと言ったら。息子は、その後、母親に向かって暴力を振るおうとすることは一切なくなりました。それぐらい、父親が本気で働くかっこいい姿が子どもに与える影響は大きいのです。

家族の中での父親の役割のひとつは、かっこよく働く後ろ姿を子どもに見せることであると言えるでしょう。

父親の子育ての本質

では、父親は、外でかっこよく働いていたら、家ではだらだらしていていいのか。

外で働く父親にとって、家が休息の場所であるということは、実は、家族みんなが喜ぶべきことです。それだけ外で戦ってきているということですし、家の中が安心して素の自分でいられる場所ということですから。

ただ、家事を引き受けることが多いであろう母親にとって「だらだらしている父」というのは、「家のことを何にもやってくれない！」という怒りの対象になりがちです。

私は仕事も家のこともやっているのに！

私は一日中、子どもたちのことを考えて、面倒をみて、家事もしているのに！

母という生き物は、三百六十五日、二十四時間、子どものことを考え続けるようにできています。花まる学習会の宿泊イベントであるサマースクールで、子どもを外に出した時も、一日のスケジュール表を机の上に置いて、「今頃、みんなで川遊びかな」「今は夕ご飯かな。嫌いなにんじんが食べられないとわがままを言っていないといいけれど……」「もう寝る時間か。ちゃんとパジャマの下にシャツを着たかしら」と、ずっとその子のことをイメージし続けることを自然と行うのが、母親です。

それに対して父親は、「出発した場所と同じ場所に、三日後には元気に帰ってくるだろう。何かあったら連絡が入るさ」といった感じです。

そういう生き物としての違いがあるので、父親が「家で何もしないでだらだら」しているのを見ていると、母親としては「私はいつも子どものことを考えているのに！」「子どものことは何もしてくれない！」と不満に思ってしまうわけなのです。

では、家事をしたり、子どもの勉強をみたり、そういったことを分担して父と母で行えばいいのか。

最近は「イクメン」ブームで、子育てに熱心なお父さんも多いでしょう。

「イクメン」とは、「子育てする男性（メンズ）」の略語。単純に育児中の男性というよりはむしろ「育児休暇を申請する」「育児を趣味と言ってはばからない」など、積極的に子育てを楽しみ、自らも成長する男性を指すようです。

言葉の持つ意味はこういったものですが、世間的に「イクメン」とは、妻の子育てを積極的に手伝う夫。料理をしたり、洗濯をしたり、送り迎えをしたり……というイメージではありませんか？

私は、父親の子育ての本質はそこではない、と感じています。母親の子育てを手伝うな、ということではまったくありません。ましてや、共働きの家庭が多い現代において、夫妻で家事を分担するのは、当然のことだと思います。

しかし、お母さんには母親にしかできないことがあるのと同じように、お父さんには父親にしかできないことがあると思うのです。

その最も重要なことのひとつが「子どもとの遊び」です。

3 「遊んでくれないお父さん」とお母さんのイライラ

「遊んでくれないお父さん」の弊害

現場の実感として、「遊んでくれないお父さん」の子育てにおける弊害を感じることは多くあります。

一番は「お父さんが遊ばない」ということが、「お母さんのいらだち」とつながっていくことです。

特に、自分が幼少期に父親とたくさん遊んでもらっている母親にとってみたら「父親が子どもと遊ぶのは常識」であり、「遊ばないなんて非常識」と、感じるもの。その常識の違いにギャップを感じ、ケンカの種になってしまうこともままあるでしょう。

花まる学習会で保護者面談をしていると、子どもの相談だったはずが、やがて夫の愚痴になる、ということはしょっちゅうあります。内容は様々ですが、総括すると「夫が〜してくれない」といらだっているお母さんが多いのが現状です（「○○ちゃんのお父さんはよく遊んでくれているのに……」など。これを言われてしまったら、遊ぼうという気持ちはあっても遊び方が分からないお父さんにとっては、プレッシャーでしかないと思うのですが……）。

子どもと「遊んでくれないお父さん」「遊べないお父さん」は、実はお父さんたちが思っている以上に、お母さんにとっては、ストレスを与える存在なのです。

「遊んでくれるお父さん」の効用

では、反対に、「遊ぶ父」はどうでしょうか。

花まる学習会が毎年行っている「親子探偵団」というイベントがあります（詳しくは第4章参照）。内容は、謎解きです。地図や、写真を手がかりにある暗号を解くイベント、ヒントを集めてポイントを稼ぐゲーム、様々な角度から撮影された写真をどこから撮影したかをあてる「ピクチャーリーディング」、変装した高濱を捜す「ラッキーパーソンを捜せ」など、盛りだくさん。コンセプトは、「父親の本気の姿を子どもに見せよう」です。

遊びの中とはいえ、目の前に難題を与えられると本気で立ち向かわずにはいられないのが男という生き物です。父親が本気で遊ぶ姿を見せることで、子どもが成長する場にしてほしいと思い、毎年企画しています。実際に参加したご家族からは、必ず、

「こんなに頼もしいお父さんの姿を初めて見ました」

「来週もまたパパと一緒に出かけたいと言っています」

など、嬉《うれ》しい感想を頂くことが多く、こういった場の必要性をますます実感していました。

地図を読み解く父と子（2005年かまくら探偵団より）

しかし私はある時、このイベントが秘めた、それ以上の力に気づいたのです。

父と子が本気で問題に取り組んでいる、その後ろには、その光景を眺めて微笑んでいる母という存在がいたのです。

「親子探偵団」というイベントの趣旨を「父が本気で遊ぶ姿を見せる」と打ち出しているということもあってか、たいてい、「親子探偵団」に参加する家族は、お父さんが張り切ってくれます。父と子が、問題の紙を取り合うようにしながら歩いていく、そのうしろをまだ小さい下の子を抱えた母がにこにこ笑いながらついていくというような光景がよく見られます。

また、あるお父さんは、少し疲れてしまったお母さんに対して「休んでていいよ、俺と〇〇で探してくるから」と母を気遣い、子どもと二人で問題を解き始めました。その時のお母さんの、嬉しそうな顔と言ったらありませんでした。

父と子が本気で遊ぶ姿を見つめる母親のまなざしは、本当に、心から、おだやかで安心しているものでした。それはどんな家族でも同じです。母親にとって、自分が大切に思う夫と子どもたちの楽しそうな姿を見る嬉しさもあるでしょう。子どもにとって、普段なかなか遊べない父親と遊べるめったにない機会、という嬉しさもあるでしょう。子どもの嬉しい様子は、母親にとって何よりの喜びです。

そして、父と子が遊ぶ姿を見ることで、母親はきっと「お父さんは家のことを考えてくれているんだ」という安心感を得るのではないでしょうか。

「夫が〜してくれない」という母親の不満。たまには家事を手伝ってほしい、休日の家族サービスをしてほしい、自分の気持ちを分かってほしい、など、母親のいらだちポイントは多々あるかもしれません。しかし、意外にも「父親が子どもと遊んでいる姿を見せる」、ただそれだけで、母親は嬉しいものなのです。そして、精神的にぐっと、安定した母親になる、私はそう実感しています。

4　家の中心、命の中心は母

お母さんが精神的に安定することの重要性

ではなぜ、「母の安定」が大事なのか。私はいつも母親向け講演会、父親向け講演会で「命の中心は母」だと断言しています。

長年子どもたちを見てきました。おかげさまで各界の著名人と会う機会も増えました。私は機会があれば、お会いした方々が持っている母親像を尋ねているのですが、やはり「母親像がいい人が、勉強でもスポーツでも社会でも、頑張れている」という結果が見えてきます。母の思い出を語る時、みなさん、ぐっと力が入るのです。たとえどんなに年齢を重ねていても、褒めてほしいのは母。優勝トロフィーを一番に見せたいのは、母。

最近のある研究では、母との温かい関係が、子どもの将来の年収の高さと関連している、という結果が出たそうです。

その研究とはハーバード大学に在学した二百六十八人の男性を対象に、卒業後も毎年健康診断と心理テストを行うことで、戦争、仕事、結婚や離婚、育児、老後といった彼らの人生を追跡調査したものなのだそうですが、その研究に基づいた研究者によって新たに「何が人を幸せにするか？」ということが明らかにされたそうです。

それは、老年における幸福と健康、そして温かな人間関係という三つの値が示す強い相関関係です。「温かな人間関係」の測定で高得点だった男性の年収が、点数の低かった男性よりも高い結果が出ている、また、専門的な分野で成功を収めた人物が多い、とのこと。

さらに、母親との関係において温かさを築けている人は、そうでない人よりも年収が高くなったということ。また、小さい頃に母親との温かい関係を築けていると、認知症になる確率が下がるといった話もあります。おそらくこれからも続けられていくであろう、興味深い研究のひとつです。

ただ、研究結果を待たなくとも、現場レベルでは、「母が一番」というのは、自明の事実です。

厳しい社会を生き抜いて、自分でメシが食える大人になるために必要な力。困難に負けず、多少のストレスには打ち勝っていく、生きる力。それは子どもの時に、母親からどれだけ愛情を受けたかで変わってきます。つまり今、「母親」をやっている人が、未来の日本のために、一番大事な存在なのです。

母親の愛情といっても、子を想う愛情の深さのあまり厳しくなりすぎてしまったり、自分のできなかった理想を押しつけたりするような愛情ではなく、子どものすることが全部かわいらしくて仕方がないといった、にこやかな、お日様のような愛情です。それにはお母さんの精神的な安定がとても大事。母の安心に裏打ちされた慈しみのまなざしがあればこそ、みんな日々頑張っているといっても過言ではないでしょう。

「命の中心である母」を守る

これは、母親向けのリップサービスでもなんでもなく、本当に父親向けの講演会でもそのまま言っていることです。

「あなた自身（父親）にとっても、一番大切なのは、母親ではないですか？」

その問いかけには、どんなにしかめ面をして聞いていた父親であってもうなずきます。

一番大切な存在は母。それは揺るがない事実です。

では、父親は何をすればいいのか。必要ないのか。

そんなことはありません。夫婦は対等であり、役割分担があります。母親には母親にしかできないこと、そして、父親には父親にしかできないことがあるのです。父親の役割は、

「命の中心である母」を守ること。

「命の中心である母」＝「妻」の安心ために、どう貢献していくか。我が子のために何かしたいと思ったら、一番はまず「母」「妻」の安心、安定を目指すことです。

我が子にとっての「いい母親像」のために貢献すること。言ってみれば、これは、世界の中で父親にしかできない仕事です。無理に「イクメン」になろうと、子育てのあれやこれやを学ぶ必要はありません。子どもを育てなくては、と頭でっかちになることよりも、まずは、母の安定。

お母さんがいつもにこやかに笑っている状態であるために、おいしいと言ってご飯を食べる、妻の話をあいづちをうちながら聞く、そして、子どもと思いっきり遊ぶ。母親が家の中心であるという自覚をもって、その「いい母親像」にどう貢献できるかというところに、焦点を合わせてほしいのです。

5 妻の安定のため、夫だからできること

男と女は別の生き物

子どもと遊ぶ、その根底の目的として「母の安定」があるということ、それをしっかりととらえたうえで、ぜひ本書を読み進めてください。母親が安定すれば、家族は幸せです。「母＝妻の安定」。そのために必要な夫婦関係のコツについて紹介します。

拙著『夫は犬と思えばいい。』（集英社）の中で、夫婦関係の問題については詳しく書かせていただきました。タイトルで敬遠せず、ぜひ男性にこそ読んでほしいと思っています。男女の違いを理解し、相手を知った上でコミュニケーションを進めていくことこそが、夫婦円満、そして健やかなる子育ての最低条件です。この本を日本全国の夫婦が読むことで離婚の大半を食い止められるかもしれない、そんな気迫を込めて書き上げた本です。

夫婦関係、母（妻）の安定を保つために最低限知っておいてほしいことは、男と女はまったく別の生き物であるということです。それを知らずに、妻と接してしまうと、男側の論理で妻をいらだたせてしまうばかりでしょう。「母の安定」のために、絶対にそれは避けたいところ。

妻との会話での五つの落とし穴

ここでは、妻との会話の中でつい夫がやってしまいがちな落とし穴を紹介しておきます。

「夫が妻との会話でしがちな、落とし穴五つ」

①妻の話を黙って聞く。うなずきがない。
②要点で話をするのがいいことだと思っている。
③解決策を言うことがいいことだと思っている。
④妻の話を論破する。結論を言う。
⑤良かれと思って妻を啓蒙《けいもう》しようとし、妻をつぶしていく。

特に仕事を基準に考えてしまうと、夫婦間では通用しないことが多くあります。たとえば、こんな一場面です。

息子が「学校に行きたくない」と言い出したとします。母親にとっては大事件です。明日も行きたくないと言ったらどうしよう、このまま学校に行けなくなったらどうしよう、と悩みに悩んだ状態で、仕事から帰ってきた父親に相談します。

母「〇〇が学校に行きたくないって言ってて、理由は分からないんだけど、今日寝る前も『明日の朝起きるの嫌だなぁ』って言ってたのよね。それで私が今日の夕飯は、〇〇の好きなカレーを作ったんだけど……」

父「（……無言。聞いていないわけではない。が、仕事で疲れて、会話をするのが少しめんどうくさい）」↑落とし穴①「無言」

母（内心、この人ちゃんと聞いているのかしら、と不安に思いながら続ける）

「カレーは全部食べたのね。でもいつもおかわりをするのにしなくて。あとそういえば、今日思い出したんだけど、先週の木曜日に、Ａくんのお母さんも最近息子の顔が暗いと言ってたのよね。だから、うちの問題じゃないのかなぁと思って、Ｂくんのお母さんにも電話してみたの。Ｂくんのお家はＰＴＡの役員で、お姉ちゃんもいるでしょ。だからお母さんの知り合いが多いから何か知ってるかなと思って……」

父「ちょっと待って。要するに、〇〇が学校に行きたくないのは、学校側に問題があるっていうこと？」↑落とし穴②「要するに」

母（話を遮られたことにムッとしながら続ける）
「そうなのよ。で、Ｂくんのお母さんが言うには、確かに今の担任の先生は厳しいんだけど、理由もなく厳しくすることはないらしいの。だから、もしかしたら○○も先生が嫌なのかもしれないけど、そうじゃないかもしれなくて」
父「分かった。じゃあ、本人になんで行きたくないか聞いてみたらいいだろう」↑落とし穴③「解決策を言う」

母「（さらにムッ）本人に聞いて本当の理由を言うはずないじゃない。だいたい最近の○○は私にはかくしごとばっかりしていて、たとえばこの前テストで六十三点を取った時も、すぐに言わないで引き出しの奥にかくしていて、私が掃除のときに見つけて……」
父「ちょっと待って。今は、○○が学校に行きたくないという話だろう。テストの点数は関係ない。本人に聞いても理由を言わないのであれば、言うのを待つしかないじゃないか。いくら他の人の意見を聞いても憶測の域をでないだろう。それに、明日も学校に行きたくないと言うかどうかは、明日にならないと分からないじゃないか。それに本当に不登校になりそうであれば、俺もちゃんと調べて、そうならないように対策をするよ」
↑落とし穴④「論破する・結論を言う」

母「（カッカしている。そういうことが聞きたいわけではない、と思っている）それはそうだけど、でもね、もし本当に学校に原因があるんだったらちゃんと私が一度先生と話さなくてはいけないと思って、学校じゃなくて友達関係が原因だったら、Cちゃんのお母さんとも相談したほうがいいでしょう。だってCちゃんは前に……」

父「そんなこと今から心配したってしょうがないだろう。原因はひとつではないかもしれないんだし、その原因が分かってから、ひとつずつ対策を打てばいいんだ。あれもこれも一気にやろうとしたってうまくいかないよ。」↑落とし穴⑤「妻を啓蒙しようとする」

……結果、母である妻は「キーッ」とストレスをためて、会話が終わってしまいます。「私はそんなことを言ってほしいわけではない！」と言える妻はまだしも、「この人に何を話しても無駄だ」と思ってしまう妻は、「話せない」ストレスを日々ためていく一方。これでは、にこやか母さん、の子育ては到底できません。

妻は、女性は、寄り添いが欲しいだけなのです。私もそれが分かるまでに十年以上かかりました。結論や解決策ではなく、「そっかぁ。そうだったのか」というあいづちや、「それは大変だったね」と共感し、労《ねぎら》う一言を求めているのです。

男側としては、男の感覚で理解できない部分なので、心からそこに同調することは難しいかもしれません。結論が出ない会話は、苦しいだけで何の実りもないような時間でしょう。ただ、女性に「共感しようとしている」ことは、ぜひ行動で見せてください。それが、うなずきやあいづち、労いの一言です。温かい労いの言葉をもらえるだけで、女性はすっきりし、「よし、明日も頑張ろう！」という活力へとつなげていけるのです。その活力こそが、子育てに向かう正のエネルギーにもなります。

命の中心である「母の安定」のため、うんうんとうなずきながら、妻の話を聞きましょう。また、「相手の言葉を繰り返し、言い換えて、共感する」ことをカウンセリングマインドといいますが、それを身につけるだけでも、妻の気持ちにかなり寄り添うことができます。

先ほどの話をカウンセリングマインドで対応すると、

「そうか、○○が学校に行きたがらないのか」（繰り返す）

うなずく以上に、ちゃんと話を聞いていることが伝わります。
「学校で、○○が嫌な何かが起きているかもしれない、というわけだな」（言い換える）
話を聞いているだけでなく、理解していることが伝わります。
「学校での様子は分からないから、お前も心配だよな」（共感する）
理解しただけでなく、感情として、母の不安な気持ちに寄り添おうとしていることが伝わります。
繰り返す・言い換える・共感する。この三つの行動に基づいた言葉が母にとってのキラーワードです。

6　母の安定のため、父親だからできること

家の中に「お母さんが二人」の危険性

長年、子育てに悩む母親向けの講演会として「母親だからできること」という演目を各地で行ってきました。「命の中心は母」。その母に、大笑いしたり、泣いたり、うちの家だ

けじゃないのだ、と安心してもらったり、少しでも母の安定に貢献できればという思いで、全国を駆け回っています。

そんな講演会を続ける中で、「父親にしかできないこと」の答えも見えてきました。それは、先ほど申し上げたように、「命の中心である母を守ること」「母の安定に貢献すること」が一番軸としてあるべきところです。

ですから、最近の「イクメン」ブームの行きつく先が、実は少し心配です。父親が、「父親にしかできないこと」に気づかないまま、母親の領域に入ってきて、子育てをやろうとしているような感が否めないからです。

「子どもの世話をする父親」、と聞くと、とてもよく聞こえがちですが、「家の中にお母さんが二人」になってしまってはいませんか？

「教育熱心な父親」と聞くと聞こえはいいですが、子どもに対してあれもこれも口を出し、世話を焼きすぎてはいませんか？

それでは子どもは育ちません。母親には母親に、父親には父親にしかできないことがあるのです。それを知った上で、子どもへの関わり方を、振り返ってみてください。ここでは、父親にしかできないことは何なのか、考えていきたいと思います。

一、論理力を育てる気持ちで、子と向き合う

お母さんは子どもを、感情的に叱ってはならない。子育て本には必ずと言っていいほど書かれています。私自身も講演会などで、母親が子どもを叱るときは、「厳しく・短く・あとをひかず」の三原則を守ってくださいと伝えています。

なぜかというと、お母さんの怒りは、「八ケ岳《やつがたけ》連峰型」。一度怒り出すとなかなかおさまらず、つい以前の子どもの失敗を持ち出してきて、自分で自分の怒りを増幅させてしまう。一度沸騰したらなかなか冷めてくれないのです。それは子どもにとって辛い。大好きな母親がずっと怖い顔をしていたら辛いものです。しかし一方で、それに慣れてしまうと、今度は怒られ慣れてしまうので、ますますお母さんの怒りを買ってしまう。そこで、お母さんたちには「厳しく・短く・あとをひかず」を意識して叱るように伝えています。

それに対して、父親の怒りは「富士山型」。なかなか怒らないかわりに、一度怒ると、どっかんと来る。

「お父さんから叱られるとすごく怖い」。

これぐらいでちょうどいいのです。

叱り方の違いから見ても分かるように、母はどちらかというと感情的に、父はどちらかというと冷静に、物事に対して向き合うことができるという資質があるのでしょう。その違いを生かし、「父親だからできること」のひとつめは、論理力を育てる気持ちで、子どもに向き合い続けることです。

「論理力」を育てるとは

「論理力」とは。拙著『小3までに育てたい算数脳』〈健康ジャーナル社〉の中で、私は、算数・数学の思考力を大きく分けて二つに分類しました。「見える力」と「詰める力」です。

「見える力」というのは、空間認識力、図形センス、試行錯誤力、発見力。

「詰める力」というのは、論理力、要約力、精読力、意志力。

論理力をもっと詳しく言うと、与えられた条件が正しいなら必ずこうでなくてはならない、と、絞り込んでいく「必要条件」の考え方と、そこでつっかえた場合に、「これとこれとこれの場合しかないから、それぞれについて考えてみよう」という「場合分け」の考え方です。

この考え方が身についていないと、社会に出てからも、ある事象の因果関係を考えずに突拍子もない数値をたたき出したり。相手を説得するのに自己本位な脈絡もない考え方だけで押し切ろうとしたり、悪気なく、論理が破たんした行動をとってしまうことが多いのです。論理的整合性に敏感でない人は、小さい頃から、「論理が破たんしていることに気づかない」もしくは「破たんしている気持ち悪さに気がつかない」環境の中で育ってしまってきていることが原因です。家庭が果たす役割は、実はとても大きいのです。

そこで、父親の出番です。普段の生活の中から、ぜひお父さんが、「論理的な話し方」を子どもにしてみせてあげてください。無理に、教え込もうとする必要はありません。きれいな言葉をたくさんあびせると子どもはきれいな言葉遣いを覚えます。言葉のシャワーです。それと同じように「そういう風に考えていくんだなぁ」と、「論理的な考え方」のシャワーを浴びせ続けることで、子どもも自然と論理的に考えるということを身につけていくのです。

花まる学習会で、『たんぽぽ』という古典素読の教材があるのですが、その中で、「格物致知」という漢詩の一説があります。「〜して、のち、〜」「〜して、のち、〜」という言葉がずっと続くのですが、ある授業の前半でその詩の暗唱を行った際、ひとりの男の子は、

それからずっと、

「なぞぺーしたのち、作文を書く」

「作文を書いたのち、疲れる」

「先生、連絡帳を書いたのち、インクが切れる」

と、ずっと繰り返して、言葉の響きを楽しんでいました。聞きなれない言葉を使っている可笑《おか》しさはあるものの、言葉の意味としては間違えていない。暗唱し、言葉を耳で覚える中で、「〜のち、〜」という言葉の使い方を覚えていったのです。

それと同じように、父親が普段使っているような言い回しは、自然と子どもも身につけていきます。先ほど妻との会話の中では「厳禁ワード」として登場しましたが、「要するに」は、ビジネスの場面ではキーワードとなる言葉ですよね。それを自然と使える子どもに育てたい。

子どもに論理力を伝えていくのは、父親だからできること、のひとつです。

二、社会との関わり方を見せる

これは、働く背中を見せる、ということと関連しています。ですから、もちろん「働く母」の姿でもかまいません。私は「働く母」にしか見せられない、伝えられない、子どもたちへの熱いメッセージというのはとても尊いものだと感じているので、ここで、「働く姿」を父親に限定する気は毛頭ありません。

ただ、今回の、父と子の関わり方というテーマの中で、父親だからできる「働く背中を見せる」ということの意義とはなんでしょうか。

男の子にとっては、大人への憧れに直結しています。自分が将来、メシが食える大人になるための将来像を描くためにも、かっこよく働く父の姿を小さい時から近くで見せてあげてください。前述したとおり、思春期に世の中に対して懐疑的になったときでさえも、働く父の姿というのは世の中の明るい側にぐっと子どもを踏みとどまらせるきっかけになるほど、威力のあるものなのです。

では、女の子にとっての意義とは。これは、面白いのですが、働く父の姿を見て、将来自分が働きたい会社の社長像、上司像、を思い描くようです。もちろん、今の時代、働く父の背中を見て、自分が社会に出てバリバリと働く姿と直結させる女の子もいるようですが。

中学受験の学校選びの際、私は親御さんに、聞いた話やインターネット上の噂話に左右されず、自分の目で見て自分の耳で聞いて、感じた「良い」を大切にしてください、と伝えています。その「良い」の判断基準となるのが、その学校のトップの人の話。トップである校長先生に魅力を感じたのであれば、それは、ご家庭とあう学校だということになります。

会社選びもそれと同様です。業種、職種、立地、給与など、選択するにあたって、様々な判断要素がありますが、最終的に「トップの経営理念に心から賛同できるか」というところもポイントです。その「働く人」を見極める価値基準を、子どもは小さい時、父の後ろ姿を見て学ぶように思います。

「メシが食える大人」になるためには、経済的自立が不可欠。社会の中で、何らかの形でお金を稼ぐ必要がある。「働く」とはそういうこと。それを、働く父の背中が物語るのです。

三、言葉の重みを感じさせる

前述した母親のための講演会「母親だからできること」では、子どもにいつでも見ているよ、という温かいまなざしをそそぐことや、自己肯定感を育《はぐく》む温かい「言葉のシャワー」を浴びせ続けることが大切だと語っています。降り注ぐ温かいまなざし。やさしい言葉にくるまれる安心感は子どもを育てます。

では父親に何を伝えてほしいかというと、言葉の重みです。

ある映画を家族で見に行った帰り道のこと。母と娘はお互いに、「ここがよかった」「いや、あれがよかった」と言い合っているのに対し、父と息子は押し黙っている、ということがあったそうです。お母さんが「面白くなかったの？」と尋ねたところ、二人とも、「いや、そんなことはなかった」と首を振る。「じゃあ、どこがよかったの？」と尋ねてみると、やっぱり、黙ったまま。「なんなんだ、この二人は！」とお母さんは呆れてしまった、というエピソードなのですが、実は、男なんてそんなものです。思索を深めてみたり、言葉になる前の想いをめぐらせることを楽しんだり、そういうことが好きなものですし、一概には言えませんがそういう体質なのでしょう。インプット、即、アウトプットの女性には理解しがたい間があるのも、男性ならではかもしれません。

そこで、お父さんにはぜひ、その「言葉の重み」を子どもに伝えてほしいのです。お父さんが考え抜いて発した一言には常に重みがある。そんな感情を子どもに抱かせてほしい。

そう言われるとプレッシャーでしょうか？　いえ、そんなに難しいことではありません。

普段の生活からそればかりを意識してしまうと、もう本当に無言、無言、無言の父親になってしまうので、そこは肩ひじをはらずに。ただ、何か真剣に考えなくてはいけないような場面……例えば深刻な社会問題のことを話し合う時や、子ども自身の将来について話す時など、そういう時はぜひ、父親にしか出せない重みのある言葉を発してください。

もちろん、まだ思いが言葉にならない時は、無言だっていいのです。その無言から、子どもは「父」を感じ取ることでしょう。

四、大局を見る

大局を見る。これは「ドンと構えたお父さん」のイメージです。私は、これまで、家庭内の様々な問題の相談を受けてきました。母親だけでなく、最近は、父親からも相談を受けることが増えてきたのですが、その中で感じるのは、大局を見るという視点が家族の中に不足しているな、という点です。

私が相談相手として、有用なアドバイスを家庭にすることができているのは、ひとつは第三者であるため、客観的に、外からその家庭のことを見つめることができている点に起因するといえます。その視点を持つだけで、見えてくる原因と対策は、意外とシンプルで効果的です。ですから、お父さんには、ぜひ自分の家庭を客観的に見て、大局で見るという役割を担ってほしいのです。

今の父親の中には、子育てに関心が向いている教育熱心な方も多いのですが、ともすると母親と同じように小さなことまで気になってしまって、夫婦で子どもを追い詰める危険があります。国語の一回のテストがたまたま三十点だったことを気にして、いきなり文章読解の分厚い問題集を買い与える。「学校で〇〇と言われて、嫌だったんだ」といった子どもの言葉を真に受けて担任教諭に、クレームをつける。

一見、子どものことをよく見て、よく考えているようですが、これは少し、ずれてしまっています。家の中に、細かいことまで、なんでもかんでもよく気がつく母親が二人……、子どもの息がつまってしまいそうではありませんか？

父親の仕事は大局を見ることです。「まあまあ。一回のテストで点数が悪かったからと言って、この子の人生が決まってしまうわけではないだろう」と、ドンと構えてください。「嫌なことがあったら、自分でその場で言いかえすんだ。社会に出たら、だれも守ってくれないぞ！」というぐらい、多少の子ども同士のもめごとは、笑い飛ばしてください。

その父親のドンと構えた姿さえあれば、子どもも母親も、最終的には安定します。母親は二十四時間子どものことを考え続けているので、つい小さなことでも大げさにとらえがちです。目の前の子どもが苦しんでいたり、悩んでいたら、自分が代われればいいのに、と、まるで我がことのように寄り添ってしまうのです。これは、母が陥りがちな、ひとつの罠《わな》です。

また、母親がよくやってしまうのが、「自分の昔の夢」を子どもに押しつけること。

「私はピアノを途中でやめて後悔しているので、子どもには続けさせたいんです」

「私は中高一貫校の学校に行ってよかったので、この子にも中学受験をさせたいんです」

これはよく、面談などで聞く言葉です。

一見、子ども想いの母親の言葉に聞こえますが、主語が「私」になってしまっている時点で、厳しい言い方ですが、子離れしていない証拠です。やがて、ひとりの人間として自立させなくてはならない子どもです。親の夢を肩代わりさせるのはやめましょう。

もちろん自分の経験を伝えることは大切です。「お母さんはピアノをやめて後悔したんだよ」など、ひとりの先輩として自分の経験は子どもに伝えていきたいもの。ただ、最終的には、その子はその子の人生を歩んでいきます。

父親だって、自分の夢を子どもに託したいことはあるでしょうが、そこはぐっとこらえて。母親も父親も、子どもを自分自身と重ね合わせてしまうと、子どもは辛《つら》いばかりです。父親は、母親よりも、「一歩距離をおける」立場にいるのです。その点を活用して、子どもをいち個人としてしっかりと尊重し、子どもが将来メシが食える大人になるために、逆算して、今何をすべきなのか。何を身につけさせるべきなのか。そんな大局観を持って子育てをするのが父親の役割と言えるでしょう。

五、父親として、母を、個人として大切にする様子を子どもに見せる

最後に、「母を、妻を、個人として大切にする様子」を、子どもに見せる。これが、究極の役割です。そして、これは、世界の中で父親にしかできない役割です。

ただし、立場として、「大切にしている」だけではダメで、それを子どもにも分かる形で、見せてあげてください。母の日には、父子で料理をして、お母さんを喜ばせてあげる。なんでもない日に、子どものためのおもちゃ、ではなくて、「お母さんのための花」を買ってきてあげる。「大切さ」を伝えるツールは山ほどあります。

母親向けの講演会では、父の偉大さを子どもに伝えられるように、母の声かけや行動を紹介しています。例えば、「メシ一番法」といって、まずは、父親のお茶碗《ちゃわん》にご飯をよそ

うこと。それは仕事で父親が遅くなる場合も夕方母と子だけの食卓で必ず続けます。そうすることで、「家族のために頑張って働いてくれている父」への感謝の気持ちを、子どもの中に自然と育むことができるからです。それをされたら、よし、また明日からも頑張ろうかと、父親のやる気も倍増です。

同じように、父親は、母のことを、妻のことを、大切に思っているのだということを、子どもにも分かる形で表してあげてください。母親がいないところでもかまいません。「お父さんが、お母さんのこと、いつも頑張ってるってほめてたよ」、子どもからこんなことを言われたら、母親はきっと、泣き出すぐらい嬉しいと思いますよ。そして、日々の子育てを頑張っていこうと、気持ちを新たにするのです。

すべての要素は「お父さんと子どもの遊び」に

さて、ここまで、「父親だからできること」を五つに絞って紹介してきましたが、実は、これらのすべてのことを、「遊び」を通じて、子どもに伝えていくことができます。

論理力を育てるためには、カードゲームやボードゲームといった遊びが非常に効果的です。そういった道具を使わなくてもちょっとした声かけに遊びの要素を入れれば、筋道立った考え方を鍛えることができます。また遊びには、勝ち負けがあるものも多いですから、子どもと時に言い争うぐらい、勝敗に関して討論してもいいでしょう。

社会との関わり方を見せること。「仕事」と「遊び」はかけ離れたものに感じられるかもしれませんが、そんなことはありません。自分が、なぜ今、その職業に就いているのかを思い出してみてください。記憶をたどると、根底に、自分が小さい頃に遊んだ何か、が眠っていることはありませんか？「楽しかった遊び」が、やがて「仕事」へとつながるのです。

言葉の重さとは、父親の価値観、人生観、哲学を伝えること。日常の中でも視点を変えれば、そういったことを伝える機会は多くあります。

そして、大局観。子育てにおいて、母親はつい近視眼的になりがちですから、父親は、ぜひ子どもの視野を広げてあげてください。「そんなの実生活の何の役に立つの……」と母親が思ってしまうようなことでも、父親ならば夢いっぱいに語ることができます。それは、父親にしかできないことです。「父と子の遊び」。それらが子どもを伸ばす可能性を信じ、ぜひ、子どもと遊ぶ時間をたくさん作ってください。

「父親にしかできないことがある」それは、「すべて、父と子の遊びの中で伝えられるものである」というのがひとつ。

「父と子が遊んでいる姿を見ることが、母の心の安定である」そしてそれは「家族の幸せのもとである」ということがひとつ。この二つを大前提として。

次の章からは、実際の父と子の遊びについて、紹介していきます。

第2章　親子で遊ぼう　基本の基本

1　成長段階を考慮した「遊び」を

必ず覚えておいてほしい子どもの「赤い箱」「青い箱」

ここから、親子での遊びについて紹介していきますが、子どもの成長段階を表す「赤い箱」と「青い箱」を、まずはじめに覚えておいてください。私が講演会で必ず皆様にお話しする項目です。

◆「赤い箱」～十歳まで　オタマジャクシの時期、とも言っています。

振り返りが苦手、忘れっぽい、あきやすい、座っていられない、といった「子ども」の特徴がある時期です。この時期の子どもを大人基準で見てしまうと、「何回言ったらわかるんだ!?」とつい叱りたくなってしまいますが、これは絶対にやってはいけないことです。オタマジャクシに何度言っても陸にあがって歩けないように「忘れっぽい」生き物である時期なのです。

「赤い箱」の子どもたちは「繰り返し」が大好きです。大人がもう飽きてしまっても、何度でも「やってやって」とせがまれることもあるでしょう。そんな時に「もういいだろう」と音を上げずに、何度でもつきあってあげてください。

反対に、あきっぽく忘れやすい時期でもありますので、昨日やった遊びに対して、今日はもう興味を示さない、ということも多々あります。それに対して「昨日はこうだったじゃないか！」などと怒ったり、恨みに思ったりもしないでください。

彼らは「オタマジャクシ」なのです。むしろ、日々、変わる彼らの興味関心に、いかに大人である私たちが近づけるか試されているのだと、その変化を楽しむぐらいがおすすめです。昨日うけたギャグが今日うけない……そんなの、子どもの世界では当たり前です。「赤い箱」の時期の彼らの特性をよく知り、それによりそって、遊んでいくことが大切です。

◆「青い箱」十～十八歳ぐらいまで　カエルの時期、とも言っています。

青い箱に入ってきた子どもは、十分大人です。鍛錬に耐えられる時期、親に反抗的になる時期、外の師匠を求める時期、などと、「赤い箱」の時期とは明らかな違いがみられるようになります。

一筋縄ではいかなくなった分だけ、「青い箱」の子どもとの遊び方のほうが難しく感じるお父さんも多いかもしれません。前は、面白い作り話をしてあげただけで喜んでいたのに、今は「そんなの起こるわけないじゃん」「ありえない」とばっさり切られたり……。けれど、それでいいのです。「赤い箱」の時期と同じで、子どもはどんどん変わっていく生き物です。その変化を楽しみましょう。

生意気な口を利くようになったら、うろたえることなく、「おお、ついにこんなことを言うようになったか」と、成長を喜び、その子にあった新しい遊びの引き出しを開けばいいのです。

「青い箱」の子との遊びは、コツをつかめば、仕事のように楽しくなるという側面もあります。部下をどう育てていこうか、時にそんな思いと重なることもあるという話も聞きます。こういう考え方を伝えたいから、あえて、難題をふっかけてみたり。問題意識だけぶつけて、答えは与えずに考えさせたり。

「赤い箱」「青い箱」の違いをとらえずに子どもと接していると、「赤い箱」の子どもに求めすぎてしまったり、「青い箱」の子どもを子ども扱いしすぎて呆《あき》れられたり、お互いにとって悪い結果になってしまいます。年齢の違いは、生き物としての違いです。「子ども」

とひとくくりにせず、相手をよく知った上で、父と子の関係を築いていってください。

親子で遊ぶ際の基本の基本

いざ「子どもと遊ぶ」時に、「膝《ひざ》をまげて子どもの目線に合わせて」「何をしたい？　と子どものしたいことを聞いて」「じゃあそれにしよう！　と意見を採用して……」そう思っているお父さんはいませんか？

それも確かにひとつの遊び方なのですが、子どもが本当に喜ぶのは、実はそんな「子どもに合わせた遊び方」ではなく、「お父さんと一緒でしかできない遊び方」もっといえば、「大人の男性と一緒でしかできない遊び方」です。

理由のひとつは、「力強さ」。特に男の子にとって、「強いこと」は、ひとつの憧《あこが》れの基準です。花まる学習会の授業で、わがまま放題で座って授業が受けられなかった二年生の男の子。ある日、授業前に、新しく来た男性講師の方に近寄ってきて「力こぶを見せて！」と一言。その力こぶに触れて、「うわっ、すごっ！」と言った日を境に、態度が豹《ひょう》変《へん》し、席に座って、真面目に授業を受け出すということがありました。どんなに叱っても諭しても聞かなかった子が、力こぶひとつでがらりと変わったのです。それぐらい「力強さ」は子どもの憧れ。それを備えた父との遊びを、子どもが嫌うはずがないのです。

父親と一緒にすると楽しい遊びの代表は「鬼ごっこ」「戦いごっこ」「怪獣ごっこ」です。

複雑なルールは必要ありません。

「鬼ごっこ」であれば、いきなりお父さんが子どもを追いかけはじめればいいのです。

「戦いごっこ」であれば、悪役になったつもりで、子どもを倒しにかかりましょう。

「怪獣ごっこ」であれば、「ギャー！」と火をはくつもりで、子どもに向かっていけばいいのです。とても簡単です。特に「お父さんが変身した怪獣」は、「お母さんが変身した怪獣」とはまったく違う迫力があります。

「お父さん怪獣」の低い声、ずしずし、と重量感のある足音、力強い目線、そういった「本物感」を子どもは心の底から楽しみます。

では、私がよく子どもたちと遊ぶ「ゾンビごっこ」のやり方を詳しく説明しましょう。

一、突然、ゾンビになる

ここで大事なのは、スタートの合図です。間違えても、「はい、じゃあ、ゾンビごっこを始めるよ、よーいスタート！」などとは始めません。ここからは、私は役者になった気持ちで、表情を一変させます。子どもが「本当に食われるかもしれない」と思うぐらい怖い表情をします。それを見て子どもが「ギャー！」と歓声をあげて逃げ出して、それがゲームの始まりとなります。

もし少しでも、大人の側に照れが入ってしまうと、子どもは一瞬で嫌になってしまいます。本気の雰囲気を醸し出すことが大事です。

二、ひたすら、追いかけ回す

子どもが逃げたら、あとはひたすら追いかけ回すだけです。追いかけ回すと、ますます子どもが逃げます。すると、こちらはますます追いかけます。ただそれだけで、「こんなに楽しいのか！」と感激するぐらい、幸せな遊びの時間の完成です。

ただ、「追いかけ回す」といっても、ずっと走り続けるのではなく、緩急をつけて追いかけ回すのがおすすめです。そこは大人の智恵の見せどころです。

高濱ゾンビは、途中で色々なゾンビへと変身していきます。

例えば、

　サングラスをかけたゾンビ

足におもりを付けたゾンビ
酔っぱらったゾンビ
目にゴミが入ったゾンビ
電気がきえたら暴れ出すゾンビ
やたらかみつくゾンビ、など。

想像してみてください。サングラスをかけたゾンビが子どもたちを追いかけ回すとどうなるか。楽しいですよね。子どももそれを楽しみます。足におもりを付けたゾンビがのろのろと歩いていたら、勇敢な子どもは「えい！」と攻撃しに、わざとこっそり戻ってきます。そこを「うわ――――!!」とこちらからいきなり仕掛けてやるのです。単純ですが、何度でも繰り返し、子どもは逃げていきます。

こういったバリエーションは、無限に考えられます。ぜひお家でやる時は、お父さんだけのオリジナルゾンビを作り出してほしいと思います。

基本の基本！

一、「追いかけ回す」追いかけ回すだけで、子どもは逃げ始めます。

一、「なりきる」テレは禁物。大人が照れた途端に、子どもは冷《さ》めてしまいます。
一、「本気で勝つ」子どもが泣いてしまうぐらい本気で。ムキになりましょう。
一、「緩急をつける」同じ遊びの、バリエーションを増やしましょう。

2　お父さんと遊ぼう！　――家の中編

家の中での遊び～チャレンジ精神や好奇心を育てる

「父と子の遊び」と聞いたときに、何を思い浮かべるか。実際に、周囲に、小さいころに父とどのような遊びをしていたか、聞いて回ったことがあります。全員が口をそろえて言ったのが「キャッチボール」。その他、「釣り」「キャンプ」「登山」。「ディズニーランドに連れて行ってくれた」「近所で自転車の乗り方を教えてくれた」など。

確かによく見かける風景ですし、イメージもわきやすいでしょう。

しかし、それだけが本当に「父と子の遊び」でしょうか？

先ほどの質問を少し変えて、「父と一緒に過ごした時間で、一番心に強く残っているものは」と尋ねてみると、十人十色の答えが返ってきました。

帰省する車の中で、父が話してくれた父の小学生の頃の話が面白かったこと。

幼稚園の時に、布団の上でしてくれたプロレスごっこ。

お店で買い物をしている時、おいしい魚の見分け方を教えてくれたこと。

自分の思い出も振り返ってみてください。「自分の父と、どんな遊びをしていたか」。

今は情報化社会で、「父と子の遊び」と聞くと、画一化されたイメージの範疇《はんちゅう》で考えてしまいがちです。「心の交流のためにキャッチボールが不可欠だ！」といった記事が出ればグローブを買いに走り、「外遊びが子どもを強くする」というデータが発表されたら「キャンプに連れて行かなくては！」とキャンプ場を検索する、というのは、言いすぎでしょうか。

もちろん私は、キャッチボールもキャンプも大好きですし、ぜひ、子どもと一緒に経験して、たくさん時間を取ってあげてほしいと思っています。外遊びの重要性は拙著『10歳までが勝負！「生きる力」をはぐくむ子育て』〈角川マガジンズ〉で詳しく紹介しています。

ただここで言いたいのは、「父と子の遊び」というのは、本質的に、父と子が触れ合う時間すべてがそれに該当する、ということです。「時間がない」＝「外に遊びに連れていけない」＝「子どもと遊べない」、ではないのです。家のすぐ近所でも、家の中でも、移動中でも、ちょっと視点を変えれば「父と子の遊び」が溢《あふ》れています。日々の子どもとの触れ合いを、いかに遊びに変えてしまえるか、これこそが父親の腕の見せどころです。そういうことの上手な父親こそが「遊べる父」といえるでしょう。

さらにいえば、そういった身近な遊び、すぐできる遊びで、伸ばすことのできる子どもの力は底知れません。

「働く母」向けの講演会の中で、私は「愛情は頻度だ」ということを熱く語ります。働く母は、自分が子どもに対して時間を割けないことを負い目に感じていることが多いのですが、実は子どもにとって、愛情は「量ではなく頻度」。一日十分でもいいので、1対1で、愛情のシャワーをこれでもか、というぐらい存分に浴びせ続ける時間を毎晩取り続けるだけで、子どもはぐっと安定します。「いつも」ではなく、「毎日変わらず」自分のことを見てくれている、母。これが大事です。

父と子の遊びの関係もこれに似ている気がします。一か月に一度、どこか特別な場所に遊びに連れて行ってあげるよりも、一日十分、いや五分でもいいので、遊び心を持って子どもと触れ合ってあげること。その繰り返しが、父と子の絆《きずな》を強くしていきます。子どもの中の「遊んでくれる父親像」というのも、日々更新されて、確固たるものになっていくでしょう。そしてその一日十分の父とのふれあい、遊びの中で、子ども自身が学び、成長していきます。

大人が使う言葉、判断基準、工夫、試行錯誤、価値観、問題意識など。子どもの思考力の背景に家庭あり。ぜひ身近なところから簡単にできる、父と子の遊び、実践してみてください。

お父さんと体で勝負！～圧倒的な力強さ、大人への憧れを育てる

◆「たかいたかい」

シンプルですが、幼児が最も喜ぶ遊びです。

以前、「たかいたかいは危ない」などの記事が出回ったこともありましたが、それは明らかに危険だと思われるほど、子どもを揺さぶるようなケースです。子ども自身の状態を見る、周囲（持ち上げる上方向と、父親自身の足元の確認。足場の悪いところではやらないように気を付けましょう）の安全環境を確認する、などを行ったうえで、スキンシップをとってあげましょう。

ただ単に「たかいたかい」と持ち上げるだけでなく、もう一工夫。効果音をつけてあげると、擬音語を学ぶ機会になります。「たかいたかい」をしたあとに、普段は届かないような高いところにあるものに触れる「ひみつのしれい」を出す、など。「天井はざらざらしてる」など触れたものを表現させると、擬態語の学びにもなりますね。

◆「届くかなゲーム」

花まる学習会で、お迎えの母親がなかなか来ない時に、よく教室の入り口で行う遊びのひとつです。大人が手を出して、それに子どもにハイタッチをしてもらう。最初は、子どもの目の前に手を出すのですが、タッチをするたびに、大人は手を少しずつ高くあげていく。子どもはジャンプしてハイタッチ。どこまで届くかな？　というゲームです。応用編として、「ある一定のリズムで大人の手が上下する」「大人が手を二本使ってタッチする場所が変わる」など。ちょっとした待ち時間に簡単にできる遊びであり、勝負事が入っているので子どもは燃えます。

ポイントは、「届くかな、どうかな？　これはちょっと無理かな～」などとふっておいて、その高さに見事タッチできた場合には、大げさに驚くこと。一緒に喜ぶこと。「お母

ぎっこんばったんのやり方

さん、〇〇、この高さが届いたよ！」など周りを巻き込んで褒めてもいいでしょう。難しいと思ったことでも「やればできるんだ」という自信になりますし、「やってみよう」というチャレンジ精神の芽生えにもつながります。低学年時代に、小さな成功体験をたくさん積み上げ、自己肯定感を育てておくことが高学年以降に伸びるための秘訣《ひけつ》です。

◆「乗り物ごっこ」

ぎっこんばったん、お馬さん、ジェットコースター、など。お父さん自身が乗り物になりきって、子どもとのスキンシップをはかりましょう。

◎ぎっこんばったん

足を伸ばして座る大人の上に子どもが向かい合って座ります。手をつないでシーソーのような動きを繰り返します（図参照）。

◎お馬さん

大人が四つん這《ば》いになり、背中の上に子どもを乗せて、ぱかぱか歩きましょう。馬だけでなく途中でいろいろな動物に変身してもいいでしょう。子どもが鳴きまねをした動物に大人が変身しなくてはいけない、など、家庭独自のルールを決めても楽しめます。

◎ジェットコースター

大人のすねの部分に子どもを乗せて、わき腹を支えながら、大人が体を上下左右に動かします。

緩急が大切で、ただ単に、「はい、乗ってー」「はい、じゃあ動くよー」ではすぐ飽きてしまいます。ガタンガタン、ガタンガタン、と動いていて、故障で止まってしまったジェットコースターが、突然ハイスピードで動き出す、など。「キャー」と歓声をあげさせることができたら、お父さんの勝ちです。

子どもたちは物語性を好みます。「今日はサーカスのお馬さんなので、いつもより元気です」「新しいジェットコースターは、なんといつもと向きが違うのです」など、いつものものに、父親がアレンジを加えてどんどん新しいものを生み出していく姿を見せてあげてください。慣れてきたら、子ども自身から「今日は、三回転があるジェットコースターがいい！」などリクエストがあるかもしれません。子ども自身の想像力も、父の背中を見て磨かれていきます。

◆「お風呂遊び」

お風呂《ふろ》は遊びの宝庫です。お父さんと一緒にお風呂に入りたがるうちは、ぜひ、一緒にお風呂で遊んでください！　水をぴゅっぴゅっと飛ばして遊ぶ、おもちゃを使う、など。遊び自体はなんでもいいのですが、ここで大切なのも、大人の一工夫と物語性です。水鉄砲を遠くに飛ばすための大人なりの工夫の仕方はぜひここで子どもに伝授しておきたいですし、おもちゃ遊びにもストーリーをつければ、同じおもちゃでいくらでも楽しみ方を広げることができるでしょう。

また、野外での水遊びの導入としてもお風呂遊びは大切です。水かけっこや、水鉄砲など、水を使った簡単な遊びはお風呂場で経験して、水に対する抵抗感をなくしておけば、後の充実した外遊びへとつながります。

お父さんと知恵くらべ！～論理的思考力を鍛える

◆「問題作り」「パズル作り」「迷路作り」

拙著『算数脳がグングン育つ「手づくりパズル」のすすめ!!』（草思社）は、まさに父親と子どもが家の中でできるパズルを紹介したい、という思いで作成しました。講演会でも紹介しているスクエアパズルやナンバーリンクなど、ご家庭で簡単に作れるパズルを掲載しています。

◎スクエアパズルの作り方

数字で指定された数だけ小さい正方形を囲んで正方形、または長方形を作り、大きい正方形を完成させるパズルです。

作り方のコツは、答えから作ること。

①４×４、５×５（マスが広いほど難しくなります）などの枠となる正方形を描きます。

②それを適当に正方形と長方形で区切っていきます。

③いくつ分の正方形を使っているか、正方形または長方形に数字を書き入れます。

④②の区切り目の線を消したら完成です。

これらのいいところは、慣れてきたら、子ども自身も問題作成を楽しめること。そして、

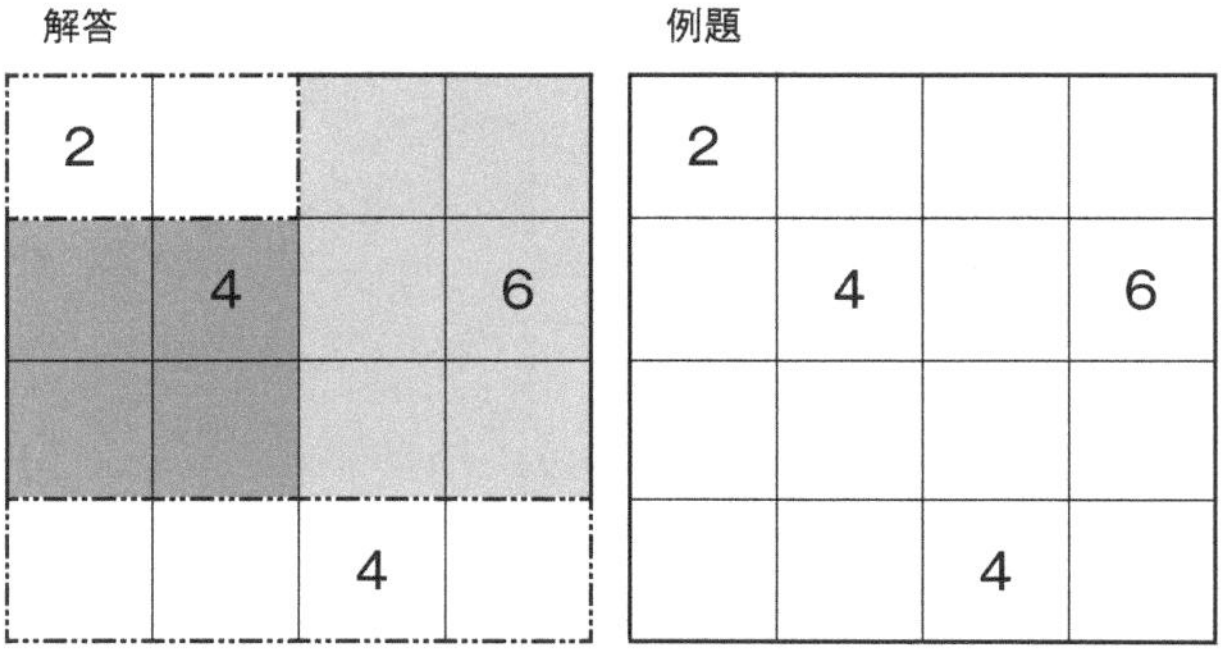

スクエアパズル　数字で指定された数だけ小さい正方形を囲んで正方形や長方形を作り、大きい正方形を完成させるパズル。

作り方次第では、大人もうなるような難問を、子どもが作り出すこともできるということです。

まずは、お父さんが作った手作り問題を出してみましょう。だんだんと、マスを広げていくなど傾斜をつけて。また土日は「スペシャル問題」として難しい問題を出すのもいいでしょう。子どもは基本的には「いつも同じ」が好きなのですが、飽きてしまう前に、少しスパイスを入れていくのが、長く同じ遊びで楽しむ秘訣です。

問題を解きなれてきたら、厳粛な雰囲気の中で(特別な空間を演出することが大切です)、「○○はもうだいぶ力をつけたので、今日は、○○が問題を作ってみる番だ」と宣言。子どもに問題を作らせてみましょう。「〜させよう」と思うと、子どもはそこにある作為を敏感に感じ取るので、「〜できるようになった。レベルアップした」という渡し方がおすすめです。

子どもが作った問題を「お父さんへの宿題」としてみてもいいかもしれません。お父さんは下手に遠慮せず、本気で解いてください。秒殺でもいいぐらいです。そうすると子どもは悔しがって、「どうやったら難しい問題が作れるかな？」「難しくするためには、どこを工夫すればいいかな？」と考えるようになります。

問題作成というのは、論理的な考え方が身につくだけではありません。解く相手のことを想像しながら手を動かすので、実は国語の文章読解に必要な他者性の力（解き手にとって問題は簡単すぎても難しすぎても面白くありません。作り手は、解き手の顔を思い浮かべながら、ヒントを入れたり条件をひとつ追加したり、考えを深めます。相手の立場で考えてみることが他者性を育てます）も磨かれるのです。

紹介したようなパズルが難しければ、最初は「迷路づくり」もおすすめです。五歳ぐらいの子でも、簡単な迷路であれば作れるでしょう。迷路を書くのが好きな子は、必ず、将来、伸びます。これは何人もの子を見てきた中で言えることです。スタートからゴールまで、どこに枝道を作るかを考えながら手を動かす中で、試行錯誤する力も鍛えられていきます。

どれも、紙と鉛筆さえあれば、ご家庭で簡単に取り組める遊びですので、ぜひ挑戦してみてください。

◆カード形式のゲーム

百人一首、トランプ、ウノ、アルゴ、など。市販のもので楽しめるカードゲームは古典的なものから、新しいものまで、多種多様です。始めてみると、意外と大人のお父さんがはまってしまうものも多いかもしれません。

カードゲームのよいところのひとつは複数人で行うものが多いこと。自然と協調性が身につきますし、また、相手のことを想像する他者性が磨かれます。

また、予測しながら進めるゲームが多いのも、カードゲームの良さ。論理的思考力を伸ばしたい場合はおすすめです。まさに「父親が得意」な分野ですので、かっこいい父親の姿を見せる、という点でも、ぜひ触れておきたい分野であるといえるでしょう。

これも変な手加減はせずに、本気で。負けて大泣きして、でも次は絶対勝ってやる！ぐらいの気骨を子どもが見せたら、そこを褒めてあげてください。負けず嫌いの子は後伸びします。

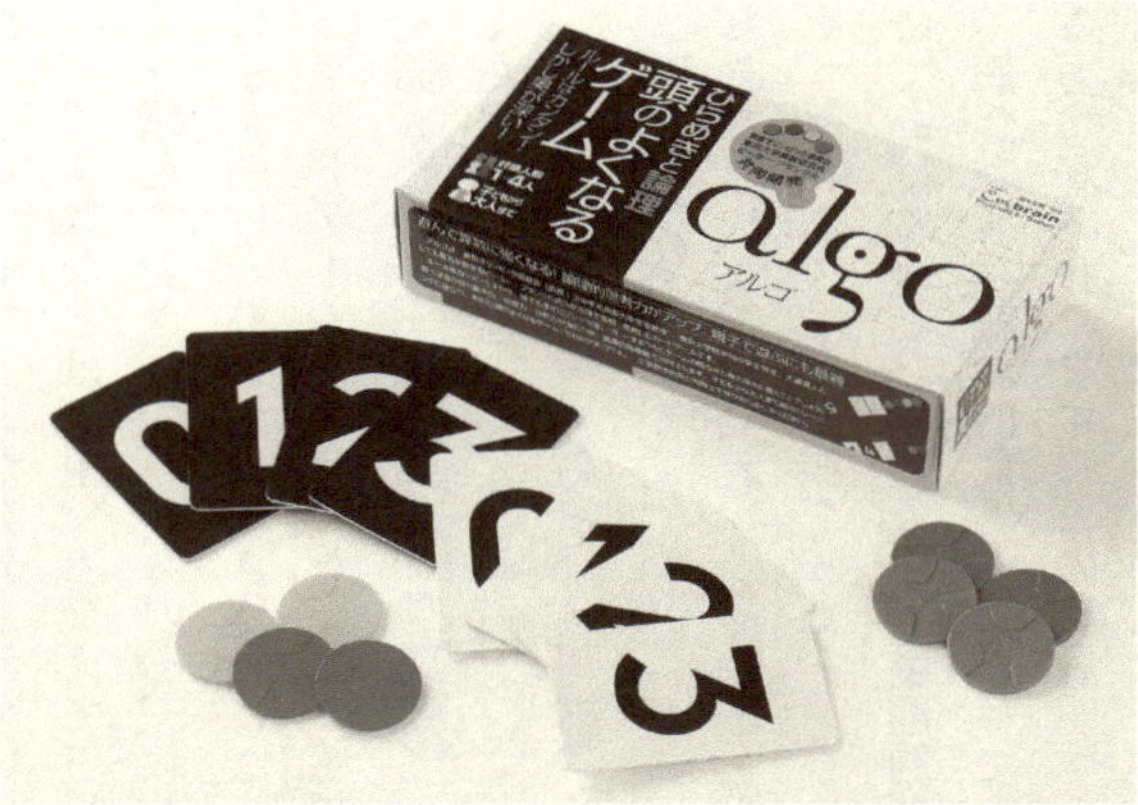

アルゴで使うカード。白と黒の数字がそれぞれ12種類

◎アルゴの遊び方（アルゴHPより）

アルゴは相手のカードの数字を当てるゲームです。カードはアルゴ基本ルール（数字の小さいほうが左側／また、白と黒の場合は、黒が左側）通りにならべ、数字が分からないようにふせて置きます。対戦相手の、ふせてあるカードの数字を推理して当てます。自分のカードの数字と、ゲームを進めていくうちに分かってくる条件をヒントに推理します。相手のカードを先に全部当てた方が勝ちです。

◆ボードゲーム系

囲碁、将棋、チェスなど。王道のものから、最近では、新しいちょっと変わったものまで、様々なボードゲームが発売されているので、ぜひ色々と挑戦してみてください。囲碁、将棋、チェスなどは、祖父も交えて三世代対決などをしてもさらに盛り上がるでしょう。時代を超えて愛されているものを、教養として身につけておくことは、社会に出た後に、その子を助けるひとつの引き出しになるかもしれません。

ボードゲームは終わった後に、感想戦をやることを強くおすすめします。なぜここに駒を置いたのか。ここでこの駒をそこに動かした意図は何か、など、理由をぜひ聞いてみてください。

もちろん年齢によって、感想戦で求めるところは変わってきます。低学年のうちは、「ここに動かしたかったから」「ここが空いていたから」など意味のない理由を答えることもあるでしょうが、それを否定することは決してしないでください。大事なのは「考える」習慣をつけさせることです。そのためには、まず、考えるという行動をしたことを認めてあげること。その上で、論理的に考えられるよう導いてあげましょう。

感想戦では論理的に考えるだけでなく、その考えを正確に相手に伝えるための「説明する力」が問われます。この「説明する力」を伸ばすために、押さえておいてほしい段階が、三つあります。

第一段階　「〜だから」「〜ので」という、理由を答える形で答えられているか（国語の読解問題でも必ず問われる力です。これが出来ていない場合は、父親が、復唱するように子どもの発言を言い換えてあげることで気づかせます）。

第二段階　少しでも自分の考えが入っているか（「この駒を取りたかったから」など。これも、父親自身が、言ってみせてください）。

第三段階　自分の考えが、一手二手先を読んでいるものであるか（「ここに動かすことで、この駒をおびき寄せたかったから」など。だいぶ論理的思考が身についてきています。ここまで来たら、父親は、さらに上の論理的思考で対応します。「でも、そうしたところで、この駒が動く可能性があるのは、ここところとここだろう。ひとつに絞れないよな？　ここにおびき寄せたかったら、まずはここのマスを絶対に埋めなくてはダメだ」など。論理性のコアとなる「必要条件」と「場合分け」の考え方を、難しい理屈ではなく体感として、子どもに染み渡らせていくようなイメージです）。

ただ、繰り返しになりますが、いきなり理路整然とした理屈を求めると、ボードゲームを嫌いにさせてしまう恐れがあるということも、常に念頭においてください。特に女の子は、お父さんからあまりに理詰めで攻められてしまうと、「ボードゲームなんて、お父さんなんて大っ嫌い!!」となってしまいがちなので、そこは本当に要注意。
うまく褒めて思考を導きながら、子ども自身が「なぜそうなったのか」を常に考えられるように、そして理詰めで考えることが楽しい、と思えるように、一緒に遊んであげましょう。

お父さんと話そう！～言葉の力を鍛える

「国語力」は親子の会話で育ちます。現場ではその差は顕著に表れています。親子の会話のキャッチボールが成立している家。簡単そうに見えますが、実は、こういった家庭は今は本当に少ない。ちゃんと子どもが聞いたことに対して答えていますか？　親が尋ねたことと違うことを子どもが答えたら、「今聞いているのはそのことじゃない」と正すことができていますか？

親子の会話のキャッチボールが成立している家の子は、たいてい文章読解系の問題を苦にせず解き進めていっています。それだけ家庭の力が重要なのです。言葉に厳しく、会話が充実している家庭でこそ、国語の力は伸びていきます。そこを充実させるだけで、子どもの本来持つ芽を伸ばしていくことができるのです。これは、ペーパー上だけでは、伸ばしきれない力でもあるのです。
ぜひ会話の中で、遊び、学び、子どもの「国語力」を育《はぐく》んでいきましょう。

◆移動中の言葉遊び

移動中は子どもとコミュニケーションをとる絶好の機会です。普段なかなか遊ぶ時間が取れないお父さんこそ、こういった「すきま時間」を積極的に活用してください。

長距離移動の車内で、最近多いのが、父母は携帯電話、子どもたちは携帯ゲーム、という風景です。それでいて、「うちの子、文章題の読解問題が苦手なんですけど」という相談はあとを絶ちません。国語のテストを何枚も解かせるよりも、まずは普段の会話から。遊びとしか思えない中で楽しめば、自然と子どもの言葉のセンスも磨かれていきます。

では、具体的に何ができるか。王道は「しりとり」です。これは子どもは大好き！「三文字の言葉」「前にいった言葉を全部覚えてしりとり」など、アレンジを利かせることもできます。年齢によって、難易度を変えていきましょう。また、紙と鉛筆が使える環境であれば、「木へんの漢字を十個書いてみよう」「『ん』で終わることばを十個」などもおすすめ。普段、漢字練習が嫌いな子でも、意外とこういうゲームになるとやる気が出ます。

兄弟対決、親子タッグ戦なども盛り上がるかもしれません。

◆寝る前の読み聞かせ

お母さんの読み聞かせは、お話をそのまま読む真面目なものです。声色を変える、感情をこめて読む、などは実践されている方も多いかもしれませんが、基本はストーリーには忠実に読む方が多いでしょう。

それに対して、お父さんの読み聞かせの場合。あるお父さんの読み聞かせの仕方を紹介します。それは「だんだんと空想世界が広がっていく読み聞かせ」です。物語の中に、急にお父さん自身が登場したり、本には書いていないセリフを主人公がしゃべりだしたり……奇想天外、荒唐無《む》稽《けい》、お話がそのあとにどうなっていくか、まったく予想がつきません。しかし、そこが子どもにとっては面白い。特に男の子の場合は、男の子が好む独特の「爆発しました！」「落とし穴におっこちてしまいました！」など、いたずらの要素を含む世界観を、お父さんとなら共有して楽しむことができます。ちなみに、その父親の「空想読み聞かせ」を聞いて育った息子さんは、今では、アナウンサーとして第一線で活躍をされています。

「空想読み聞かせ」が得意なお父さんの場合は、あえて、お母さんと同じ本を読み聞かせの題材に選んでも面白いかもしれませんね。「お父さん、その本もう読んだことあるよ！」と言ってきた子どもに対し、「まあまあ、いいから聞きなさい。」とふくみ笑いをして読み始めてみる……。想像すると、素敵な父と子の交流の一場面です。

お父さんと語ろう！～想像力、他者性を育む。問題意識を育てる

「語る」。「話す」よりも、深く、何か気持ちを伝えたいときは、なぜか「語る」という言葉を使いたくなってしまう。こんな日本語の微妙なニュアンスの違いも感じられる子に育ってほしいですね。それも、家庭での言葉かけ次第です。

◆父の歴史を語る

寝る前など、少し時間がある時に、お父さんが自分自身のことを語ってみましょう。昔はこんな教科が好きだった、こんないたずらをしたことがある、など。父親の子どもの頃のことを聞くことで、距離がぐっと縮まります。昔は携帯電話が当たり前ではない時代だった、それだけでも子どもは初耳で「えっ!?」と驚くかもしれません。「お父さんが〇歳のときに昭和から平成に変わったんだ」など、歴史的事項も交えてみると、時代感覚も養われます。

語り出すポイントは「さりげなく」です。真正面で向き合って、「これからお父さんの昔のことを話します」だと歴史の授業みたいでつまらない。さりげなく、ふとした時に、テレビで見た一場面などを契機に、「そういえばお父さんが小さい頃は……」ぐらいでちょうどいいでしょう。寝る前がいいのは、二人で横になって同じ方向を向いているからです。視線を交わす必要がないので、お互いの思いにふけりやすい時間であるといえます。

そういった意味で、お父さんの自分語りは、家の中だけでなく、このあと出てくる「散歩」という場面でもおすすめです。散歩をしながら、横並びに歩く時間は親も子どもの話を聞きやすく、子どもも親の話を聞きやすい非常に有効な時間です。歩きながらというさりげない雰囲気が、父親の話が子どもの内面に無理なく浸透する時間を作るのです。夏休みに田舎に帰った際には、祖父も一緒に、親子三代で昔話を楽しんでみるのもおすすめです。

◆問題意識ゲーム

これは、私が実際に中学生と行っていた事例です。大人度が高い五年生ぐらいからは、ぜひ挑戦してほしい遊びです。内容は、世の中の様々なニュースに対して、大人と子どもと、それぞれの問題意識を語り合うというもの。例えば、「京都議定書」というテーマであれば、子どもが「地球温暖化を防ぐために、この取り組みは素晴らしいと思う」と言えば、大人は「いや、そもそもこの削減目標は机上の空論に終わるに違いない」などと返す、など。

ここで強調したいのは、「父親が本音を言う」という点です。学校では、「公共の教育の場」という縛りがあるので、先生がニュースに対して自分の本音の意見を語る機会などというものはなかなか持てないでしょう。どうしても、一般論にかたよってしまいます。しかし父親であれば、子どもに対して本音を語ることができます。甘くない世の中を生き抜くために、持っておきたい視点を伝えることができます。

「青い箱」の年代の子どもは、世の中に興味津々です。父と子の意見がぶつかることもあるでしょう。それがいいのです。本音と本音のぶつかり合いを乗り越えることで、最終的には自分の考えに行きつきます。世の中は、きれいごとばかりではありません。自分で問題意識を持ち、考える大人に、育ってほしいものです。

お父さんと働こう！～責任感を育てる。手先の器用さを磨く

「うちの子、お手伝いをしないんです」と相談を受けた時、私はこう答えます。

「学年替わりや学期替わりのタイミングで、ぜひ、お子さんに何かひとつ、『これだけは絶対にあなたの責任でやりとげてほしいもの』をお手伝いとして与えてあげてください。たとえばお風呂掃除。あなたがお風呂を掃除しなければ、家族全員がお風呂に入れません、それぐらいの強い心構えで、多少の熱を出していても、お手伝いはやる、そんな気持ちに持っていきます。家族の中に自分の役割がある、自分が必要とされている感覚を持てば、自然とやる気になります」

「働く」こと。「お手伝い」となると、「めんどうくさい」というイメージに支配されてしまいがちですが、子どもは実は、そんなに「働く」ことが嫌いではありません。むしろ大人の世界を共有できることを喜びに感じ、積極的に動いてくれることもしばしば。

その「働く」というフィールドに、ぜひ遊びを盛り込んでいきましょう。

◆お母さんのお手伝い対決

お母さんのお手伝いを、父と子の対決にしてしまえば、お父さんは子どもと触れ合えるし、お母さんは家事がひとつ減るし、子どもは楽しいし、一石三鳥です。

パパと娘で洗濯ものたたみ合戦、どっちがきれいに素早くたたためたか競争。

お風呂洗い対決。土曜日は子ども、日曜日はお父さん。どちらがきれいに掃除できたか、お母さんが審判する、など。

勝負事には燃えるのが子どもの性質です。またお手伝いのいいところは、し続けることで、工夫する気持ちが育まれること。ここはこういう形のスポンジで磨いたほうが早くきれいになる、洗剤の量はこれぐらいがちょうどいい。人間は本来考える生き物ですから、よりよく、前へ前へ、考えを進めていきます。ぜひ「お手伝い」を題材に、「遊び」として子どもを働かせてあげてください。

◆お父さんの「遊び」のお手伝い

「遊び」だからといって、すべて子どもに合わせる必要は、まったくありません。むしろ、お父さん自身の「遊び」、趣味の世界で、子どもと一緒に遊んでみてはいかがですか？
子どもにとっては、少し背伸びをして大人の気分を味わえる、普段とはちょっと違った楽しい時間です。例えば、マニアック系のこと。「プラモデル作り」や「ＤＩＹ」など。子どもと一緒に遊ぶための趣味、として、ひとつ持っておいてもいいでしょう。父と子で、圧倒的な技術の差が出る分野ですので、大人の力を見せつける意味でもおすすめです。また、何かひとつにこだわりつづける姿も、子どもからみればかっこいいこと。ぜひ、自分が好きな世界を共有してください。

注意したいのは、「あー、触ったらダメだ！」などと、叱らないこと。子どもが興味を持ったら、その子にできそうなところを「仕事」として、「ここからここまではお前に任せたからな」と責任を持たせて働かせてあげてください。その責任感が子どもを育てます。失敗しても怒らないこと。「じゃあ、次はどうすればいいと思う？」と冷静に、対策まで考えさせるのが父の役目です。失敗を失敗に終わらせず、対策を考えること。ビジネスの場では当たり前のように問われる力ですが、意外と家庭の中では「もういいから、ここは触らないであっちで遊んで」と、失敗が放置したままにされることが多いのです。

ぜひ子どもと一緒に遊び、働き、父親の考え方に触れさせていきましょう。

3　お父さんと遊ぼう！　――ご近所、街編

さて、次は家の中を飛び出して、ご近所、街中でできること。次の章の外遊びとは分けて、この「ご近所」編を設けたのは、お父さんたち自身に身の周りに秘められた遊びの可能性に気づいてほしかったからです。「遊び場所」は、公園や遊園地、海川山だけではない。父の工夫次第で、どんな場所でも、子どもの力を伸ばす絶好の遊びのフィールドになりえるのです。

散歩～目的もなく歩く中で鍛えられる、観察力・発見力・楽しむ力

ご近所、街で何かをして遊ぼう、と考えた時、軸となる大きなテーマは「散歩」です。「お父さんとの散歩の時間」というのは、とても素敵で有意義な時間。低学年はもちろんのこと、なかなかお母さんには本音を話さなくなった高学年の男の子にとっても、また、少し父親と距離を取り出した女の子にとっても、「父との一対一の時間」というのは、かけがえのない時間です。

特別に何かをしなくとも、ただ歩けばいいのです。「子どもを公園に連れて行ったら鬼ごっこをしなくてはいけないのかな、それともブランコを押した方がいいのかな」と悩んでしまう、遊び下手なお父さんにもおすすめ。まずは子どもと歩きましょう。

ただし、ただ横に並んで歩いていれば、何をしていてもいいわけではありません。もちろん、携帯電話をいじるなんてもってのほか。普段なかなか持てない、いい機会です。ぜひ子どもとたくさん話してください。無理に引き出そうとする必要はありません。子どもが話し始めるのを待っていればいいのです。その話し出したことに真摯《しんし》に向き合って、言葉のキャッチボールを続けてください。

また、日本の四季のうつろいを感じながら歩くだけでも、子どもの感性が磨かれるものです。きれいな夕焼けを見たら「きれいだね」と言葉に出して、一緒に立ち止まって眺めてください。色が変わった葉っぱを見つけたら指をさして教えてあげましょう。蜘蛛《くも》の巣についた露が光っていたら、その露が落ちる動きをじっくり目で追いかけていたっていいのです。大事なのは、父親自身が「美しい」「不思議だ」と感じたことを言葉に出して伝えてあげること。周囲を観察する目を養うこと。発見したものを声に出して共有すること。そしてその発見を喜ぶこと。これを繰り返すことで子どもの感性は磨かれていくのです。

散歩には、子どもたちの好奇心や興味を刺激する要素がたくさん詰まっている。そして、そんな散歩の時間が、子どもにとってはとても大切な「父との遊び」の時間なのです。

会話と会話の合間にはこんな遊びがおすすめです。父と子だけの時間に慣れておらず、「何か会話をしなくては」とドギマギしてしまうお父さんは、試してみてください。

◆「急に○○！」を楽しむ

子どもたちは、大人と一緒に歩くだけで嬉《うれ》しいものです。そこにただ歩くだけでなく、「急に○○！」を入れてみてください。

・急に「よーいドン」と走り出す
・急に「うしろ向きで歩いてみる」
・急に超特急で「けんけんぱ」「けんけんぱ」で進みだす　など。

これも「本気」が大事です。散歩というとつい子どものスピードに合わせて歩きがちですが、いきなり「お父さんについて来られるかな？」と、猛スピードで走り出し、子どもに追いかけさせてもいいのです。ただし、交通量の多い道路は避けるなど、安全には注意してください。一緒に体を動かすだけで、ちょっとした連帯感が生まれ、会話も弾みます。

◆信号待ちの時間を使って

「青まであと何秒？」

あと何秒で信号が青になるかを予想して、「1、2、3」と数を数えてみましょう。幼稚園児～小学校低学年時代に大切な、数の概念を磨く「数え上げ」の経験としてもおすすめです。アレンジするなら、英語でワン、ツー、スリーと数えてみる。お父さんは、周りの様子を推理しながら、本気で当てにいってください。（「待っている人がたくさんいるから、もうすぐ変わるのではないか」など）高学年になると、「推理合戦」としても楽しめます。

◆街並みを見ながら「○○をさがせ！」

探し物系のゲームが子どもたちは大好きです。市販の本でも「○○をさがせ！」というシリーズはよくありますが、それの実体験版です。シンプルに楽しめるのは「数字」「漢字」「マーク」など。「木へんがつく漢字を最初に見つけた方が勝ち！　よーい、ドン！」と始めてみてください。漢字学習の興味にもつながりますね。「ポスト」「道路標識」「地名」などを題材にすると、身の周りのものへの理解を深めるきっかけにもなるでしょう。人が多い公園では「赤い帽子をかぶった人」など、動くものを探すのもまた一味違った面白さがあります。

私は、作文が苦手、という子に対しては「まずはよく見ることから始めよう」と話しています。自分の目で見たことだけを書けばいい、と。しかし表現が苦手な子は、意外とこの「見たこと」を思い出せません。つまり、身の周りのことを目に映しているだけではダメで、本当に「見よう」と思って見なければ、心には何も残らないのです。「見ようとする訓練」、自分の身の周りのものに対するアンテナを常に張って、「見て」「考える」姿勢を伝えましょう。

◆人間ウォッチング「吹き替え遊び」

三、四年生ぐらいからおすすめなのが、「行きかう人々を見て、セリフを当ててみよう」という「吹き替え」遊びです。

「あの人は今、待ち合わせの人が来ないからイライラして待っているんだよ！」

「『ごめんごめん』、あ、きっと遅れて来た人は謝って、言い訳している」

「女の人が『何回目の遅刻!?』って怒ってるね」

など。

何の意味があるのか、と思った方もいるでしょう。強いて言えば、「空想力を育てる」でしょう。しかし、意味があるとかないとかよりも大事なのは、そのことに「面白み」を感じられるかどうか。ただ与えられたなんでもない状態を、いかに「笑い」に持って行けるか、楽しめるか。世の中を面白がることができる子は、外に心が開けている状態です。外に心が開けているとは、色々なことを吸収しようという気持ちが強いということ。学ぶ意欲につながります。ぜひ、子どもたちの「何事も面白がる」素養は大切にしてあげてください。

父親との散歩のすべてが教育的意味を含んだ何か、である必要はまったくありません。「これを学ばせよう」という気持ちが強すぎて、作為的になってしまっては、「お勉強の時間」になり子どもはつまらない。遊びの中で育まれる力の成長を妨げてしまう恐れさえあります。

むしろ、母親にとっては「ばかばかしいなぁ」と思われるようなことを、父親と二人で本気になって遊ぶ、そんな時間にしてみてはいかがでしょうか。濃密な遊びの時間の中で得られるものは、他に替えがたいものです。

社会科見学～目的意識を持って、学ぶ意欲を育む

散歩とは違って、「目的意識を持って」出かける父と子の時間を「社会科見学」と称してみました。ネーミングは意外と大事です。ただの買い物を「我が家の改造大作戦の日」としてみたり、ただのお出かけを、「パパの歴史ツアー」としてみたり。子どもはそういう「わくわく感」に乗せられる生き物ですから、素敵なタイトルをつけてみてください。

◆「買い物」で遊ぶ

数の概念をつかむためには「お買い物ゲーム」をすすめています。高学年になり、数の概念が身についていないことで算数嫌いに陥ってしまうケースは多いのです。単純計算がどれだけ早くできても、一と千の違いをボリュームとしてとらえられていなければ、つまずきます。日常生活の中でまず最初に触れる大きい数は、お金。年齢による判断は必要ですが、千円札、一万円札を持たせて、ぜひ色々なお買い物に上手に挑戦させてください。ゲーム性を持たせることもできます。「二千円にできるだけ近い金額で、お母さんにプレゼントを買ってみよう、お父さんよりも近い金額で買えたら勝ち」など、お母さんも喜ぶようなお題設定があれば、子どもたちも燃えるでしょう。上級編は、「家族四人分のカレーライスの食材を買ってみよう」など。これは何が何グラム必要、ということまで考えなくてはいけません。グラム、リットル、など、生活の中で単位の感覚も養われます。

◆今日のお父さんは「○○博士」

お父さんの下準備が必要な遊びも紹介しましょう。お父さんが「○○博士」＝ガイド役となって、子どもをツアーに連れ出すのです。

「○○博士」のテーマは、歴史や観光名所の博士でもいいですし、もっと絞って、「江戸時代博士」「植物博士」「地名の由来博士」などでもいいでしょう。お父さんが子どもたちに一時間分の授業をしてあげるイメージで、いかにそのワンテーマを分かりやすく説明するか、考えてみてください。

ツアーとは、ある「町」やある「土地」に子どもを連れていき、お父さんがその土地にまつわるうんちくを語る、そんな時間です。「わざわざ父親がその土地のことを勉強して連れて行く」こと自体が、家族にとっては嬉しいものです。お父さんも添乗員になったつもりで、予習を楽しめればなおよいですね。

そもそも日本人は、「家族のために計画する、仕込んで準備をする」ということに、あまり慣れていないのかもしれません。この「お父さん博士のツアー」の時間では、家族のために思いっきり素晴らしい時間をプロデュースしていきましょう。もちろん、お母さんが参加する場合は、ご飯のおいしいお店をチェックするのも忘れずに。

子どもたちとポーズを決めてダイブ !!（中央が著者。サマースクールより）

第3章　親子で遊ぼう　野外編

1　野外活動での父の心得

遊ぶ場所の決め方

まずは野外での遊び場所の設定です。ここでお父さんに伝えたいのは、毎年毎年新しい場所に行く必要はない、ということです。交通機関の発達した便利な時代になり、行こうと思えばどこにでも行けるでしょう。しかし、あえて、「我が家の夏は毎年ここの川に行く」と、行く場所を固定してほしいのです。

同じ場所に行き続ける利点は、その土地の移り変わりを肌で感じられるところです。去年より山肌が見えるようになっていたり、ダムができていたり。今年はなぜか水量が多いな、と感じたり。その変化を感じることこそが、野外で遊ぶ上では大切です。また毎年同じ場所に行くことで、より、野外での安全管理をしやすくなります。あそこの山に雲がかかってきたら、一時間後には雨が降り出すぞ、など経験で予測できる範囲が広がるでしょう。

さらに、同じ場所に行き続けることで、親が子の成長を感じる機会をたくさん持つことができます。その成長は子ども自身も感じることです。去年は行けなかった川の深みに、今年は行くことができた、去年はこわくて下れなかった急な斜面をひとりで下りきった、など、目に見えてできることが増えていくのです。

「子ども自身が成長を感じられる」こんなに自信に直結することはありません。そのひとつの自信が、やがて大きな自信へとつながっていきます。親子での外遊びの肝は、何をするかよりも、そういった子どもの成長を感じられる場所を見つけられるか、という点にあるといっても過言ではありません。

成長を感じる、という意味では「同じものを見続ける」というのもおすすめです。たとえば、親子で何かを育ててみる。芽が出て、茎がのび、葉をつけて……という同じ植物のサイクルではあっても、見る側である子どもの成長によって、その時々の発見があります。また、その年の天候によって「いつも同じ」ではない、という気づきもあるかもしれません。親子で同じものを見続けると、会話が生まれます。「あれ、お父さん、去年はこうだったよね？」「そうだな、でも確か、おととしは……」という風に。ぜひ親子で見つめる何かを作ってみてください。

この章では、「野外での親子遊び」を様々に紹介していきます。ただ、前提として知っておいてほしいのは、「大自然の中にいかなくてはダメ」ということはまったくないということです。もちろん大自然の中でしか育《はぐく》まれない大切な感性、感覚もあると思いますが、それ以上に、親子の関わりという点でいうと、大切なのは、親子で共通の話題を持ち、感覚、感動を共有できるかどうか。そのためなら、家の周りの草花であっても、自然の中の草花であっても、素材は一緒。要は、大人である親が、どのように感動を共有する場面を作り出していくかが重要なのです。

父の役割は「先生」

野外での遊びにおけるお父さんの役目は、「先生」をイメージしてみるといいでしょう。実際に私たちも現場で子どもたちに色々なことを教えるのですが、第三者のインストラクターの言葉よりも、親が「先生っぽく」教えた時の方が、子どもたちが楽しそうに聞いています。普段なかなか見られない、父親の一面を見られるからでしょうか。

だからといって子どもとの野外での遊びのために、お父さんがこれから無理に知識を詰め込む必要も、知ったかぶりをする必要もまったくありません。今は、インターネット検索が手軽にどこでもできる時代ですし、子どもと一緒に、調べ学習をするのもいいでしょう。

ひとつ確実に言えるのは、外に子どもを連れ出して、「さあ遊んでおいで」と自由にさせるよりも、大人も一緒に、本気で学び、本気で遊ぶ姿を見せる方が、確実に子どもは伸びていくということです。

たとえば虫。

子どもが「虫がいた――！」と騒ぎ出した時、「そっか、虫がいたんだね」で終わるのではなく、その発見を大事にしてあげてください。絵を書いてみる、特徴をメモする、どんな場所にいたのか、分析する、図鑑を調べてみる……。できることはたくさんあります。そして「こがねむし」であることが分かったら、子どもは次に同じ虫を見つけた時に「こがねむしがいた！」とその知識を使って遊ぶことができるのです。机上の学習だけではダメ。ただ遊ぶだけでもダメ。調べて、自分の知識を得て、それを実際に使える、その楽しさをこの外遊びの中で体感してほしいのです。

たとえば川。

川遊びに行く前に、お父さんには川の危険については一通りの知識を得てから連れて行ってほしいのですが、その知識をもとに現場でいろいろと試してみる姿も、ぜひ子どもに見せてあげましょう。川の深さを知るために、石を落として音を聞いてみるなど、得た知識の活用の仕方というものを、父親の背中を見て、子どもは学んでいきます。

父が自然に対して謙虚に、学ぶ姿を見せること。そしてその学んだことを、外で実践してみること。遊びを一歩深めた世界へとつなげていくのは、私たち大人の役割です。

安全管理は忘れずに

出発する前に、親として子どもの安全管理のために何ができるか、何をすべきかについては必ず学ぶ必要があります。山なら山の、海なら海の危険予測ポイントや安全管理の視点があります。「安全管理を学んでから、野外で遊ぶ」という原則を忘れずに。

可能であれば、子どもを遊ばせる前に、大人だけで下見ができるとさらに安心です。川であれば、深いからここまでは来させない、ここは流れが急になるから避ける、など遊びのフィールドを設定することができます。その場所ならではの危険予測は、やはり現地でなければできませんから、遊びたがる子どもを少し待たせてでも、遊びのフィールドの下見は丁寧に行いましょう。地元の人の話を聞くのもおすすめです。また学んだことは、必ず分かりやすい言葉に言い換えて、子どもたちにも伝えてあげてください。やがて、自分で自分の身を守らなければならない子どもたち。父親の言葉ほど響くものはありません。

ただ、ここで難しいのは、なんでもかんでも「危ないからダメ」としないでほしい、というところです。本当にケガや事故の可能性をゼロにしたければ、外で遊ばせなければいい。しかし、子どもが外で遊ぶことでしか育たない力が確実にあるから、私たちは子どもを外で遊ばせたい。葛藤《かっとう》です。

花まる学習会の野外体験現場で、必ず伝えている安全管理の鉄則。それは「事故の確率を下げる」そして「気迫を込める」という二点です。

「事故の確率を下げる」というのは何か。たとえば、子どもが海岸でテトラポッドをジャンプして渡る遊びを行っているとしましょう。「やめなさい」といって遊びを中断させれば、事故が起きる確率はゼロパーセント。しかし、本当に楽しんでいる様子なので、中断させたくはありません。かといって、ただ見守っているだけでは、事故が起きる可能性は、減りません。

では「危ないよ」と声をかければいいのか。これだけでも不十分です。

具体的に「何が危ないのか」＝ジャンプする行為、「なぜ危ないのか」＝足をすべらせたら頭を打つ可能性があるから、と、理由までふまえた上で声をかけてあげてください。これは街中でも同じで、後ろから車が来ている時、子どもに向かって「危ない！」と言うだけでは子どもは「？」とフリーズしてしまいます。子どもにとって、「何が危ないのか」が分からないので、どう動けばいいのかも考えられないのです。この場合は「(後ろから車が来ているので)右によりなさい」など、具体的な指示を出してあげましょう。そうすれば、次に同じ場面に遭遇したとき、子ども自身が判断できるようにもなります。その場に応じた具体的な声かけで、子どもの引き出しを作ってあげましょう。ゼロにすることは難しいかもしれないけれど、できる限り、事故の確率を下げていくこと。親がいつもその心構えでいることが大事です。

そして「気迫を込める」。これは、「母の気迫」です。救命隊員の資格を持っている母親はあまりいないかもしれませんが、母である限り、どの母親もみな、「自分の子の命を守る」という点では、プロ顔負けの気迫を持っています。非常事態には我が身を省みず行動に移しますし、日常でもその子のいる環境に常に気を配って安全を確認しています。

「二十四時間、三百六十五日、子どものことを思っている」という点では、母に勝てる存在はありません。その母に倣って、子どもの安全を守る立場に立ったものは、いつでも子どものことに意識を向け続けることで、安全管理を行います。特に父と子のみで親子遊びに行く場合には、その「母の気迫」を思い出して、子どもたちに声をかけていってほしいと思います。

危険生物の学習

野外で活動する上では、危険な生物に対する学習をしておくことも大切です。子ども向けの図鑑でも代表的なものは一通り網羅されているので、一冊は目を通しておきましょう。昔聞いたうろ覚えの知識が、実は間違っている、ということも多々あります。最新の図鑑での下調べはしておくにこしたことはありません。また、「知っているもの以外は危ないと思え」「知ったかぶりをせず、迷ったらまず調べる」など、自然の中で疑ってかかるという鉄則を実感をもって語ることも、父親にしかできない仕事です。

生物と同じように、野外での天気など自然に関する知識も、一通り得ておくことが大切です。

「行くまでの過ごし方」も腕のみせどころ

野外での親子遊びにおいて、「行くまでの過ごし方」もポイントです。花まる学習会のサマースクールでも目的地に到着するまでの電車やバスの中の「バスレク」で色々なゲームを行っています。初対面の子どもたちの緊張をほぐすという意図もありますが、それにとどまらないのが、この「バスレク」。ここでの盛り上がりが、そのサマースクール三日間の盛り上がりと直結する、これは、今まで何万人もの子どもたちを野外に連れて行った中での実感です。それだけ「冒険へと出発する行きの道」は、子どもにとって重要な位置づけなのでしょう。

実際の、子どもたちを連れて仔牛《こうし》を見に行った時の出来事です。最初の回は十五分ぐらいの道を、ただ、談笑しながら歩いていたのですが、二回目は、ふと思い立って、行きながらできるゲームを何種類か取り入れてみました（第2章で紹介した、移動中に行えるような遊びです）。すると、同じように仔牛を見せているのに、子どもたちの反応が一回目とはまったく異なったのです。「疲れた。まだ着かないの」といったマイナスな言葉が減り、反対に「わー！」「かわいい！」と言ったプラスの反応が増えました。きっと十五分の間に、子どもたちの「楽しむ心」に火がつき、その火が燃え盛っている状況で、仔牛を見る

という イベントに入ったことがよかったのでしょう。子どもたちにとって「心が躍動している時間」がいかに重要かを再認識する出来事でした。

野外での親子遊びも同様、「行くまで」が勝負です。例え行きの車が渋滞に巻き込まれたとしても、お父さんがそれを笑って、プラス思考で子どもと会話できるかどうか。「しりとりゲームをするぞ！」「かけ算九九をだれが早く言えるか対決」など、なんでもいいのです。要はどうやって子どもの「これから何かわくわくすることが待っているんだ！」という気持ちを維持し続けるか。

着いたら遊べばいいから、行きの電車では寝かせてくれ、と思っているお父さん。「行きの道中こそ親子での外遊びの肝」と頭に入れておいてください。

遊び終えた後こそ、安全第一

楽しく遊び終えた後こそ、事故に注意しましょう。これも、外に遊びに連れて行く中でのお父さんの心得として、しかと覚えておいてください。花まる学習会の野外体験でも、事故が起きる確率がもっとも高いのは、川遊びの最中ではなく、川遊びから帰って来て、お風呂《ふろ》に入って、部屋で一息ついた数分間なのです。気のゆるみ、過信、遊びの疲れ、など色々なことが重なる時間なのでしょう。だからこそ、父として最後まで気を張って。行きの道中ほど、子どもを盛り上げる必要はありませんが、何が起きても自分は冷静に判断できるよう、帰り道も気を抜かないでください。

2　場所別の遊び方――森編

「パパが作った森ビンゴ」～五感を使って発見力を磨く

森の中では、「発見」と「作る」を中心に、遊ぶのがおすすめです。森の中に限らず、野外に出ると、普段の家の中ではできないたくさんの「発見」があるでしょう。その「発見」を一緒に楽しむだけでも十分に父と子の楽しい遊びの時間になります。お父さん自身が見つけた「発見」をぜひ、子どもと一緒に共有してください。

また、その「発見」に一工夫入れるならば、「森ビンゴ」などがおすすめです。

ネイチャーゲームの本などをあたると、森の中で見つけられる木の実や花などがたくさん出てきます。それをもとに、パパオリジナルの「森ビンゴ」を作ってみましょう。作り

つやつや光る石	虫	どんぐり
お花（花びら）		赤いはっぱ
黄色いはっぱ	ギザギザしているもの	落ちている木の枝

森ビンゴのお題の例

方は簡単です。３×３のマスの中に、「どんぐり」や「赤い葉っぱ」など書いていきます。最初はお父さんが書き入れてあげてもいいですし、慣れてきたら「絶対にこれは見つからないぞ」というものを、お互いに書き入れて、問題を作り合ってもいいでしょう。「よーいドン」というかけ声とともに、ビンゴのマスの中のものを探しに出発！　制限時間内にビンゴを完成させられたら勝ちです。ただ単に「〇〇を探してみよう」とするのではなく、いかにゲーム性を持たせて、子どもたちを燃えさせるかがポイント。

また上級編としては、問題作りの際に、子どもたちに「五感」を使って考えさせる項目を入れていくことです。たとえば、「赤」「黄色」だけでなく、「緑から赤に変わりかけているもの」

という自然のうつろいを目で感じさせるお題を入れる。「虫の鳴き声を発見しよう！」として、発見した虫の鳴き声を書き入れさせてもいいでしょう。その他にも、「ふわふわしたもの」「ざらざらの木の枝」など、種名を確定する名詞ではないものを探すことも、五感を使って自然を感じる訓練になります。嗅覚《きゅうかく》・味覚はなかなか難しいかもしれませんが、知識があれば、食べられる木の実などを探してもいいですし、以前、「おいしいもの」＝「空気」と、とんちのきいた解答を出してきた子もいました。大事なのは、感覚をフル活用して全身で自然の息吹を感じること。これは家の中ではできない野外での遊びの醍醐味《だいごみ》です。

実際、花まる学習会のサマースクールでこの「森ビンゴ」を行うと非常に盛り上がります。子どもたちの何かを見つけようとする目、駆け出す背中、外遊びならではの美しい風景です。手軽に作れる「森ビンゴ」、ぜひ試してみて下さい。

「秘密基地づくり」～PDCAサイクル〈計画、実行、評価、改善・修正〉の実践

花まる学習会のサマースクールでは「秘密基地づくりの国」というコースがあり、毎年男女問わず大人気のコースのひとつです。本格的な基地づくりのためには、①草を刈る

（必ず土地所有者の許可が必要です）②太い木を探してきて、基地の基盤を作る　③刈った草を集めて屋根にしたり床に敷いたり、整えていく、というのが大きな流れです。

子どもたちとは「設計図」を一緒に考えるところからスタートします。最初はたいてい、「二階建てにしたい」「窓から外の木に飛び移れるようにしたい」など、夢いっぱいのアイデアが出てきます。そこから、実際の場所と秘密基地づくりに使える材料をみて、本当にできそうなことを見極め、できないことはできないと判断。そして、「じゃあ、こうしよう」とさらにアイデアを重ねていく柔軟な発想力が育つと考えています。

花まる学習会のお兄さん塾「スクールFC」では、自学自習できる子どもを育てるという教育理念のもと、「PDCAサイクル」の大切さを伝えています。P……plan「計画」、D……do「実行」、C……check「評価」、A……act「改善・修正」という四段階を繰り返し実行していくことで業務を常に改善していくこと、ビジネスの世界で耳にする機会も多いこの言葉は、学習の場でも同じことだといえます。

そして、もっと意味を広げると、実は遊びの場所でも使えます。リーダーとして、子どもたちと一緒に秘密基地づくりを行う時に、PDCAサイクルという言葉こそ使わないものの、これらの流れを子どもに体感してほしいな、という気持ちを込めています。

P「計画」。秘密基地の設計図作成。最初は思う存分夢を膨らませてあげます。むしろここで「えーそんなのできるはずないよ」と、空想を広げられない子は要注意。始める前からあきらめてしまうようでは、将来絶対に、メシが食えるようにはなりません。そういう時には、積極的に、お父さん（大人）自身がアイデアを出していく姿を見せていきます。「お父さんはベランダが欲しいんだよ」「ここで、綱渡りができるといいなぁ」など。「え、そこまで自由に考えていいの？」と子どもが驚くぐらいでいいのです。まずは「計画」ですから、自分の理想をビジョンに起こしていきます。

D「実行」。まずはやってみる。この気持ちが大切です。そして、やってみた結果、計画時点で描いたビジョンが壊れるのが、この段階です。自分たちが思い描いていた「秘密基地」と、実際の材料、場所、何より、自分たちの技術との間にある溝に気づきます。現場ではここで、「全然思っていたのと違うから、もう嫌だ！」となる子と、「いや、でも、だったらこうしよう！」と気持ちをすぐに立て直す子に分かれます。将来、メシが食えるのはどちらの子でしょうか？「やってみて、それでダメなら、気を取り直して、次にもう一度チャレンジ！」という、あきらめない精神のある子ですね。すぐにあきらめてしまう子に対しても、大人の言葉かけ次第。「気持ちを立て直す」経験を積み重ねられるよう、父親がサポートしてあげてください。

そして、Ｃ「評価」。冷静に現状を見極めて、何ができないのか、何だったらできるのか、分析していきます。

最後に、Ａ「改善・修正」。再チャレンジです。

たかだか遊び、とまったく、ばかにできません。こういった場面でこそ、子どもたちの生き方そのものが出てきます。そしてこういった遊びの場面で「すぐに気持ちを立て直す」「すぐに打開策を考える柔軟性を持つ」という経験を積んでいることは、子どもたちにとって非常に大きな財産になります。

「草を刈って、太い木を探して、秘密基地づくりなんてとても無理だ」と思ったお父さん。そこから、「じゃあ、子どもたちに秘密基地をつくらせるためにはどうしたらいいだろう」と、お父さん自身が発想を広げてみてください。子どもたちは遊びの天才です。在るもので、最大限に遊びつくそうとします。「できない」と大人が決めつけることなく、充実した遊びの環境を提供していきましょう。

3　場所別の遊び方——川編

続いて、川での遊び方。花まる学習会のサマースクールと言ったら、「川遊び」。ここでは紹介しきれないほど多くの川遊びがありますが、今回は「家族で」「父と子で」遊ぶなら、という点に絞って紹介していきます。

「魚つかみ」～頭と体をフル活用。全身で遊びきる経験を積む

川遊びで、子どもたちの目を輝かせるのが、「魚つかみ」です。サマースクールで毎年行っている「マスつかみ」、また、「魚ハンターの国」というコースでは、カジカ採りや、イワナ探しなども行います。魚釣りではなく（釣りについては、別項で解説します）「つかみ」である点がポイントです。釣りよりもいっそう、自分の感覚に鋭敏にならなくてはいけません。また「魚つかみ」にも段階があり、手づかみ、網を使う、ヤスを使う、など（川によっては魚をつかんでいい場所悪い場所、道具を使っていい場所悪い場所、というのがあるので、必ず遊ぶ前に下調べをしましょう）。

何が見つかるかな？（2010年親子キャンプより）

魚つかみは自分の感覚に鋭敏になり体を動かす時間でもあれば、魚をうまく捕まえるためにはどうしたらいいか、知恵を絞る時間でもあります。子どもたちの発想は驚くほど柔軟です。野外で体も心も解放した状態で遊びきる経験、それが生きていく上で大切な力です。

「○○探し」～「発見」から、「知的好奇心」への発展

森編と同じく、川でも「発見」を楽しみましょう。あまり深いところへは行けない年齢の子であれば、川原できれいな石を集めたり、水辺の生き物を観察したりすることで、様々な発見があります。バードウォッチング、特に鳥が魚を捕まえる姿は、一度は生でその迫力を見ておいてほしいものです。水の流れを見極めて、ダムやお風呂を作ってみるのも面白いでしょう。

お父さんに心掛けてほしいのは、子どもが何かを「発見」したら、それを一緒に驚き、さらに、その驚きを解きほぐして、言葉にしてあげるという点です。「わぁ、すごいなぁ」もちろんその簡単な言葉だけでも子どもは嬉《うれ》しいのですが、例えば「そこに大きい石を置くと、水の流れが変わるのか」や、「あの鳥は魚が水面に来た一瞬を狙って降下しているんだね」など。その驚きの広がりによって、子どもたちはさらに、世の中に対して興味を深めていきます。特別な知識を語らなくてはと構える必要はありません。お父さんが子どもも心を忘れずにその目で見て、感じたこと、思ったこと、驚いたこと、そして、「すごいな」の言葉の一歩先を、語ってあげてください。

「リバー探検隊」〜仲間との絆《きずな》、協調性を身につける

家族での川遊びの一番のおすすめは、沢登りです。花まる学習会では沢登りを中心に行うサマースクールのコースを「リバー探検隊」と名付けています。それは小学校三年生以上の子だけが参加できるコースで、ライフジャケットを着て、急流を渡ったり、がけを登

ったりしながら、川上を目指します。

家族で川遊びをする際も、あらかじめお父さんが下見をしてゴールを決めておいた上で、百メートル、二百メートルほどでいいので、川を遡上《そじょう》してみてください。その際は、普通の水着ではなく、ケガを防ぐため、肌の露出がない恰好《かっこう》がいいでしょう。また川の水は冷たいので体が冷えるのをできるだけ防ぐため、ぬれても乾きやすい服装がおすすめです（ダイビングスーツ、また、乾きやすい素材の長そで長ズボン、ウォーターシューズなど）。

沢登りのいいところは、なんといっても「チームで助け合う一体感」です。前を歩く人が手を差し伸べなければ越えられないほど流れの速いところがあります。ぬかるみに気づいたら「ここ、気を付けて！」「これにつかまれ！」など声をかけ合う必要が出てきます。そして、ゴールにみんなでたどり着いた時の達成感。素晴らしい経験になることは間違いありません。ただし、安全管理も大切です。特に鉄砲水や天候の変化には気を付けましょう。迷ったら「止める」というのも、お父さんの責任です。そこで、子どもが「もっとやりたい」と言おうとも「止める」という決断をしたら覆さないでください。「迷ったら安全な方を」が、野外体験の鉄則です。

4　場所別の遊び方――海編

「波で遊ぶ」～大自然と対面し、感動と脅威を味わう

川と一番違うのはこの「波」。それ故の危険も多いですが、よく知った上で遊ぶには、こんなに楽しいものはありません。シンプルに、砂浜で「だれが足をぬらさずに一番波の近くに行けるか」を競うのもいいでしょう。また、海の中では波乗りがおすすめです。深くなる手前、ぎりぎりのところで待っていると、大きな波が来た時にそれに乗って、自然と浜の方まで進むことができます。浮き輪をつけていてもできるので、親子ともに小さいころから波に慣れ親しむという点ではおすすめ。水を飲むかもしれませんが、それもまた経験です。

先の大震災をきっかけに、私たちは自然ともっと真正面から向き合う必要がある、ということを強く感じた方々も多いでしょう。津波のイメージから、海＝怖いもの、と、即座に連想してしまう子もいるかもしれません。

私は外遊び、野外体験の核は、自然への感動と、自然の圧倒的な大きさ・脅威を知るこ

と、その二つにあると感じています。ただ、水がきれいだな、空気が気持ちいいな、で終わらせてしまうのは本当の意味での野外体験とは言えません。感動と同時に、自然の脅威を体感し、自然の恐ろしさ、自然への畏敬《いけい》の念を抱くことを伝えていきたいのです。

川遊びであればさっきまで晴れ渡っていたのに、いきなり土砂降りの雨。増水する川。鉄砲水でいきなり濁流に変わる瞬間。どうしたって人間の力ではかなわないものの存在。

波で遊ぶ時も、どこかでその自然の脅威は感じていてほしいのです。波で楽しく遊ぶことはできる、しかし、その波を自分でコントロールすることはできない。そういう自然の大きさを親子で、全身で感じてください。

「砂で遊ぶ」～「めんどうくさい」と言わない忍耐強さ

これも、海ならではの体験です。砂は自由自在に形を変えます。お城作り、迷路作りなど、テーマを決めて楽しんでもいいでしょう。さらに「潮から城を守れ！」などミッションを加えると、ゲーム性が増します。子どもたちが自分の発案で、堤防を作り出したり、水路を掘ったり。遊びの中でのアイデアは無尽蔵です。

また砂遊びで一番大事なのは、「砂が嫌だー」とならないこと。現場で見ていると、サラサラの砂の感触を楽しめる子もいれば、砂まみれになることを嫌がる子、終わったあとに洗うのがめんどうくさくて「ここで見てる」と遠くに座ったまま、一切砂に触れない子もいます。それはもったいない。多少の嫌なことがあっても、それに打ち勝つほどの興味深い、楽しいことを見つけてほしいもの。そういう時は、大人が一緒になって本気で遊ぶ姿を見せるに限ります。父親を砂に埋めてしまう、その後父親が砂から這い上がってくるゾンビごっこなどは、盛り上がること間違いなし！　大事なのは「めんどうくさい以上の、楽しいこと」を選ぶ経験を、子どものうちにたくさん積むこと。大人がそのような場にどんどん連れ出していきましょう。

その他、ビーチバレー、ビーチフラッグ、貝さがし、スイカ割りなどもおすすめです。「日に焼けてしまうから」と、海辺では子どもだけを遊ばせている家庭も多いですが、ぜひそこは、大人が本気で楽しむ姿を見せてあげてください。

海での危険〜判断力。時に、遊ぶよりも大切なことを学ぶ

「海遊び」は危険と、漠然としたイメージを抱いている方が多いのも事実です。確かに、潮であったり、波であったり、見えない危険が多いのは事実です。また広範囲なので、目

が届かなくなってしまう不安もあるでしょう。

花まる学習会では、海釣りをさせる時は、必ずライフジャケットを着用させます。通常の海遊びでも、自分で判断できないほど小さい子であればライフジャケットがあるとよいでしょう。年齢が上の子でも、より安全を確保したい場合、危険だと分かっている場所に行くときは、ライフジャケットを着せましょう（ただし、飛び込みの際には、首がしまってしまう恐れがあるので、着用しない方がいい場合もあります。その子がどれくらい泳げるかにもよります。飛び込み先の深さと合わせて確認しましょう）。

ただ、どんな場面でも〝絶対安全〟はありません。楽しく正しく遊ぶためには、そこでの遊び方の知識は欠かせません。こんな時こそ、お父さんの出番です。ぜひ「海遊び」の前に、「海での危険」について、お父さん自ら調査してみてください。離岸流など、知らなければ危険、知っているだけで安心、という事項もあります。自然の厳しさを知ることも、野外での遊びの大きな目的のひとつ。そしてその「厳しさ」を伝えられるのは、お父さんならではの役目でもあります。楽しく遊びきる前の、大事な時間として、そこだけは真顔でしっかりと時間をとって、「危険」について伝えていきましょう。

5　大人になるまでに、経験しておくべき野外での遊び

たき火～技術と感性を磨く

「火」は、野外ならではの遊びです。たき火をする経験を、ぜひ年に一度はもってください。自分で薪《まき》をくみ上げ、手順をふんで、火をおこしていく楽しさを味わってほしいと思います。ここでは、工夫する楽しさも同時に経験することでしょう。場所は、すぐに消しやすい川原などがおすすめです（たき火をしていい場所かどうか、必ず確認してからにしましょう）。花まる学習会のサマースクールでも、川遊びの最中や肌寒い日などは、暖をとるためにたき火をします。その時、子どもたちは決まって「自分で」火をおこしたがります。乾いた木を集めてほしいと頼むと、ひたすら木を探したり、うちわを持って扇《あお》がせると、黙々と扇ぎ続けたり……。火には見つめたくなるような、魅力があるようです。「怖い」「危険」と遠ざけるのではなく、火のことを「知る」という意味でも、火おこしの経験は重要です。

レンズを使ったり、木を使った昔ながらの火おこしに挑戦するのもいいですが、それほ

ど特別なことをしなくても、オーソドックスなたき火を「いかに手早い時間で燃え上がらせるか」というスキルを学ばせたい。その方がきっと将来的に見ても子どもの「生きる力」につながります。

釣り～緻密さ、空間認識力、他者性……鍛えたいことのすべて

「釣り」。これも、必ず経験してほしい野外遊びです。自分自身が釣りの経験がないお父さんの場合は、ハードルが高く敬遠されがちかもしれませんが、こんなにも子どもの多様な能力が鍛えられる遊びは他にありません。

ロープを結ぶ作業には、器用さや緻密《ちみつ》さ、空間認識力が求められます。適当に結んではダメですし、引っかかってもダメなので、忍耐力や集中力も鍛えられるでしょう。また釣り場では、マナーとルールが求められますから、協調性も身につきます。

魚を釣り上げるためには、知識と他者性も必要です。自然相手なので自分の思い通りにいかないことも多くあります。魚の生態を学び、その上で、イマジネーションを働かせなくてはいけません。

「この時間だからきっと石の下にいるに違いない……」など推理力も重要。見えないもの

同じポーズで魚を待つひと時

釣った魚をいただきます！

釣果を手に満面の笑み

※写真はすべて「親子海釣り」より

を見ようとする力が問われます。

釣りには時間がかかります。事前準備、釣れるまでの待ち時間、事後の片付け。でもそれも含めて「楽しい」と感じられるかどうか。将来、時間がかかることを「めんどうくさい」と思うような大人になってほしくはありません。手を抜いたり、ずるをすることは簡単です。相手のことを考えずに、自分の意見を主張するのも簡単です。しかし、将来「メシが食える大人」「魅力的な大人」になるためには、その楽な方をとってしまってはいけません。かといって、自分に無理やり「ずるをしない」「相手を知ろう」と課して生きるのも少し違う気がするのです。要は、手間や時間がかかることを引っくるめて心の底から楽しめるかどうか。そういった意味で、釣りには、生きるために本当に必要な力を鍛える要素が存分に詰まっているといえるでしょう。

食べる、寝るなど生活のこと～どんな環境でも、タフな心を持つ

「遊び」ではなく、野外での「生活」にも鍛える要素があります。特に、テントでの寝泊まりは子ども時代にぜひ一度、経験しておきましょう。普段、冷房の効いた部屋、ふかふかの布団で寝ることに慣れすぎてはいませんか。ゴツゴツした布の上で寝るというのは不

親子でテントにお泊り

空き缶でご飯を炊きました

飯盒でご飯を炊きました

親子で薪割りに挑戦！

※写真はすべて「親子キャンプ」より

自由な経験かもしれませんが、子どもたちがこれから出ていく社会では、環境が整えられていないのが当たり前です。不自由な中でも楽しみを見つけられるくらい、タフな心を持つ子に育ってほしいと思います。

また、おすすめは野外での食事です。本格的な飯盒炊爨《はんごうすいさん》の経験もできるならもちろん良いのですが、入り口としては、牛乳パックや空き缶など、身近にあるものを使った料理もおすすめです。野外で、というだけで、特別感もあります。緊急時のマニュアル本などには、簡単な野外での食事について紹介している本もあるでしょう。それらは挑戦しやすく、また、本当にいざというときに、自分たちを助けてくれる実践的な知識です。普段の外遊びの際に取り入れてみてください。

＊参考書籍：『サバイバルの基礎がわかる本〈ウィークエンド アウトドア〉』〈地球丸〉

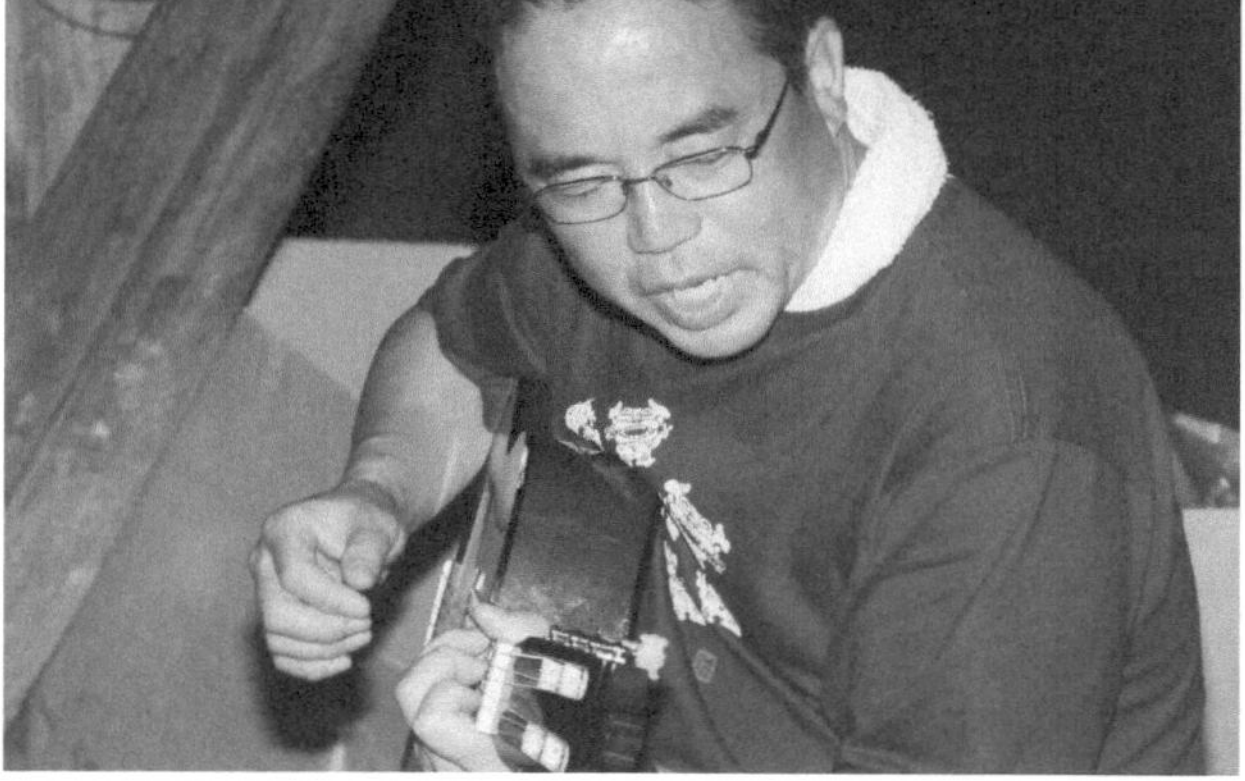

ギターを弾きながら熱唱する著者（親子キャンプより）

第4章　探偵団シリーズ

1　子どもの思考力の背景に家庭あり

家庭でのふれ合いのきっかけに

家庭の言葉への感度（間違った言い方を即座に修正したり、不明の単語はすぐに調べたりする文化）をはじめ、保護者の行動が、子どもの思考力を伸ばすための大きな要因のひとつです。ご両親、特に、できればお父さんが、考えることを楽しんだり、答えを自力で出すまであきらめない姿勢を体で示すことなども、とても重要です。

高濱コラム　二〇〇四年九月末の花まるだより　巻頭文より

外遊びの少なかった子ども、へっとへとになるまで遊び尽くすことのなかった子どもは、遊び下手の大人となって、もはや親世代の問題として露呈してきています。

Ｓａｌｉという不登校を中心とした悩みの相談室を作って二年。症状は様々ながら、主として思春期に子どもの問題が勃発《ぼっぱつ》した家庭の父親から、「子どもとどう遊んでいいのか分からなかった」「自分自身があまり遊んで育っていない」という訴えを多く聞くことが分かったのです。

一方で、活力ある子どものお父さんは、遊びに夢中になれる父さんです。

夏休みに、開催した「しのばず探偵団」という企画には、大勢の保護者が参加してくれました。数葉の写真から謎の場所の所在地を推理して、親子で捜索するという一種のウオークラリー。最初は母さんにせっつかれて参加したという表情だったお父さんも多かったのですが、一回戦が終わる頃から俄然《がぜん》表情が変わってきて、三回戦目のスタートの合図では、掛け値なしの全力疾走で駆け出す父さん続出でした。この「遊びに、目の色変えてむきになる父さん」こそ、ぜひ子どもに見せたい、伝えたい、この企画の狙いでした。

花まるは、子どもを健やかに元気に育てるために、目下、「親自身の遊び」「親子の遊び」に注目しています。親子遊びをライフワークにしたいという青年の入社により、大きな骨格ができてきました。それは、ともに走り回ることから始まると思います。次々に企画を提案していきますので、ぜひご参加ください。一緒に走りましょう。

要するに、何を言いたかったのかというと、「伊達《だて》や酔狂で『親子ゆきまつり』という企画を考えたわけではないのです」ということです。きっと、花まるをよく理解してくださっている賢明な保護者の皆様の本音は、「そんなこと、もうよく分かっているよ。でも、行き来の運転はあるし、雪合戦なんてちょっとおっくうなんだよなあ」というところではないでしょうか。分かります。

でも、その気持ちを乗り越え、よいしょっとご参加を。親子でカンジキで雪道を歩き、家族オリジナルの造型作りに工夫を凝らし、片品村《かたしなむら》名物のでっかいま（でっかいかまくら）の中で、オモチ入りの温かいお汁粉を食べ、雪合戦で熱い父（母）の活躍を見せ、夜はナイタースキーで楽しく遊ぶ。

ぜひ、ご参加ください。

このコラムは、私が約九年前に書いた文章です。その時から私の問題意識はまったく変わっていません。「遊びに目の色変えて、むきになる父さん」をいかにたくさん作るか。

しかし、現場でお父さんたちの生の声を聞いていると、「そうはいっても遊べません」「遊びたい気持ちはあるが、どうやって遊んでいいのか分かりません」という声が多いのが現状。だったら、お父さんの得意なフィールドで家族全員が遊べる場を提供したい。

そのような問題意識から出発して、花まる学習会では年に数回「親子探偵団」というイベントを行うことになりました。

二〇〇三年夏の「親子思考実験大会」(アルゴクラブ主催)で船出し、二〇〇四年夏の「しのばず探偵団」で大きく発展しました。二〇〇五年からは、装いも新たに「親子、脳力番付シリーズ」へ、今では「親子探偵団」として、毎回様々なテーマを設定し、親子でのふれ合いのきっかけづくりに役立ててもらっています。

探偵団シリーズ以外にも、親子海釣り企画や、親子雪まつりなど野外イベントをたくさん用意しているのですが、ここ数年は、親子企画には決まって定員を超える申し込みがあり、世間の親子遊びに対するニーズが高まっているのを感じます。

探偵団シリーズとは

これまで行ってきた探偵団シリーズは、「かまくら探偵団」「ネットワーク探偵団」「よこすか探偵団」「中華街探偵団」……など。これを聞いただけで少しわくわくしてきたお父さんはいますか？　その「わくわく」が、子どもを伸ばす第一歩なのです。

ラッキーマンに扮した著者と（2008年しのばず探偵団より）

探偵団がどういうものかというと、主軸は謎解きです。地図や写真を手がかりに、ある暗号を解いていったり、ヒントを集めたりしてポイントを稼ぎます。勝負事や謎解きに熱意を燃やすのは、男の特徴で、普段なかなか子どもと遊べていないと言っていたお父さんが、「勝負」となると途端に目の色を変えて、走り出す姿も見られます。イベント終了後には、そんな父親の姿を見たお母さんや子どもから、決まって「あんなにかっこいいお父さんの姿は見たことがありませんでした」という感想が口々によせられます。参加したお父さんもどこかすがすがしい表情。親子で同じ目標に向かって走る経験が、家族の絆《きずな》を強くするだけでなく、将来の子どもの思考力の伸びにもつながります。
また、第1章で述べたとおり、「親子探偵団」の本質は、「父と子が遊ぶ姿を見て、母が安定する」という点にもあります。
健やかな子育てには、母の安定がまず第一。そのためにも、親子探偵団というイベントの社会への貢献度は、非常に高いものがあると信じています。

探偵団の一日の流れ

ここで、以前、花まる学習会で行った「探偵団」の一日の流れを紹介しましょう！

りんかい探偵団の一日の流れ

《ドキドキ！　アクア探検!!　１ｓｔ》　10時30分〜12時30分
◇探偵団初の水族園をステージにしたゲームです。
◇ご家族で水族園を自由に探検していただきます。一般のお客様もたくさんいらっしゃいますので、マナーに気をつけてお楽しみください。

◇このゲームのカギは《ドキドキ！　アクア探検！　２ｎｄ》に隠されています！　ヒントは……「クイズ」!!　どのようなクイズが出題されるかは、まだ明かしません。細かいところまで鋭くチェックしながら水族園をお楽しみください。

◇早くもボーナスポイント発生!?　水族園内で花まる野球部の二人が迷子になっているようです。迷子の二人を見つけたら肩にタッチして「りんかい探偵団」と小さな声で言ってください。見つけてくれた方のお名前を聞いて、後ほどお礼のポイントを差し上げます。はたして、二人を無事に見つけることができるか……。

□　迷子の花まる野球部員を見つけたら　　各70ポイント

《昼食》　～12時30分

《ドキドキ！　アクア探検!!　２ｎｄ》　12時30分～13時00分

◇1ｓｔで探検していただいた水族園に関するクイズを出題します。

◇クイズは全部で25問。１００点満点の問題になっていますが、一筋縄ではいかないのが「探偵団」なのです。家族みんなで記憶をたどり、１００点目指して頑張ってください!!

◇12時になりましたら「ひみつのしれい」で集合場所をお知らせします。電波の届く場所でお待ちください。

□　集合時間に間に合うことができたら　20ポイント

□　クイズに全問正解したら　１００ポイント（1問4ポイント）

《謎解き　海賊王！》　13時00分～14時30分

◇●●●内には、いくつかの宝物が隠されています。海賊となり、その宝物を探して縦横無尽に駆け回ってください！

◇宝物を探し当てるには数々のヒントを集めなくてはなりません。三枚の写真と二人の案内人からヒントとポイントをもらい、全て集めて初めて宝物を見つけることができます！

◇13時15分からは、海賊を捕まえるべく「海軍」が出動します。海軍に捕まり、「りんかい探偵団」と小さな声で肩をタッチされたら（もしくは走って逃げたら）謎解きポイントを没収されます。また同じ場所まで行って、集め直してください。

①写真とヒントを手掛かりに宝物とポイントを探す

②海軍から逃げる　※この二つのゲームが同時に進行します。

《休憩》　14時30分〜15時00分

《ミッション・クリティカル》　15時00分〜15時30分

◇本日最後のゲームです！　はたして、30分間で大逆転はなるのか……。このゲームのカギは「家族の絆」です。勝負とは時に頭を使い、体も使い、運も味方につけないとならないもの。優勝まであと少し！　最後の力を振り絞って頑張ってください。

ラッキーマン現る!?

今回の探偵団の時間内に、エリア内のどこかで高濱正伸扮する『ラッキーマン』がこっそり皆さんの様子をうかがっています！　これはラッキー!!　もし見かけたら「見つけたラッキーマン！」と優しく言ってラッキーマンの肩にタッチしてください。タッチしたら、100ポイント獲得！　もしかしたら一緒に写真を撮ってもらえるかも……!?

2　子どもを伸ばす父親とは――探偵団シリーズの事例より

ここでは、そんな親子探偵団で実際にあった、父と子の珠玉のエピソードを紹介します。普段のお父さんと子どもの関わり方の参考にしてください。

知識を披露する父

二〇〇五年に行った「かまくら探偵団」。最高のロケーションのもとで、名跡やお寺の謎をひとつずつ解いていく形式で実施しました。鎌倉《かまくら》ならではの難解な歴史問題にもひるまず解いていくお父さん。その片手には、なんと厚さ二センチメートルの資料の束がありました。

タブレットやスマートフォンなどが、まだ身近ではなかった時代です。きっと図書館や自宅のPCなどで鎌倉に関しての調べ学習をし、その資料を作成したのでしょう。資料にはところどころ赤線や付箋《ふせん》が。

「やるとなったら、徹底的に」。どんなものでも手を抜かない、本気の姿。これこそが、かっこいい父親像です。

好きなものを追究する父

こちらも二〇〇五年に行った「ネットワーク探偵団」。これは「かまくら探偵団」のような下調べをする父というよりは、むしろ、普段からの「鉄道好き」「電車好き」の父親が大活躍した回でした。私たちスタッフは逃げ回りながら、時々、「このあたりにいる」というヒントを一斉メールで流す。そのヒントをもとに、家族で路線図を見合わせながら、スタッフを追いかけ、つかまえるという企画です。

家族の中では「お父さん、電車好きなんだなぁ」ぐらいの位置づけだった人もいたかもしれませんが、この企画内でスタッフを追い詰めていくお父さんたちは、もう普段とは顔つきからして違いました。好きなものに対して、自信を持って挑む父の姿。ぜひ子どもに近くで感じてほしいものです。

走る父、地図を読み解く父

二〇〇四年と、二〇〇五年、二〇〇八年に行った「しのばず探偵団」。上野の不忍池《しのばずのいけ》を中心に行ったこの探偵団では「走る父」の姿が印象的でした。

不忍池全体を指し示す「宝の地図」を渡し、どこかに宝が隠されています、と謎を提示したところ、それまでは「集合して下さい」というスタッフの声にもどこかやる気なげにだらだら歩いていたお父さんたちが、急に眼の色を変えて、「こっちだよ」「いや、これはこっちだ」と走りはじめたのです。

「走る父」。これは、文句なしで、かっこいいものです。息子や娘にとっても、そして、母＝妻にとっても。父と息子が前を走っていく背中を追いかける、母と娘。「パパそんなに早いと、追いつけないよ！」といいながらもどこか嬉《うれ》しそうな二人——。これは探偵団シリーズではよくある光景です。

また、「地図を読み解く父」。これもかっこいいお父さん像のひとつです。本のタイトルにもなった「地図が読めない女」ではないですが、やはり地図を読み解くのが好きな男性は多いようです。好きなものを見ているので、自然と瞳《ひとみ》が輝く。その輝きが、子どもにも継承されていくものなのです。

子から学び、それを言語化する父

探偵団が終わったあとに、実際に、あるお父さんが寄せてくださった感想です。

「今回のこのイベントで子どもたちに教えられたことは『話しかける勇気を持つ』ということです。自分たちでポイントが見つけられなかった時に、すれ違う人たちに、挨拶《あいさつ》をして情報交換をしたり、コンビニの店員さんに写真を見せたり（笑）。そんな方法でも情報を得ることができるのだと学ばされました」

これは父と子が、同じ目線で物事に向かったからこそ、見えてきた発見。普段、父は上から息子を見守り、息子は父を見上げるように関わることが多いのかもしれませんが、あえて、お互いの目線を一方に揃え、同じ目標に向かって突き進む。そしてそこで感じた自分の子どものいいところを、認め、言葉にしてまわりに教えてくれる。その父の姿がまた、かっこいい。私はそう思います。

ここぞという時に決める父

探偵団のゲームのひとつに、「相思相愛ゲーム」というものがあります。子どもにある質問をして、そこで子どもが何と答えるのかを家族に当ててもらう、というゲームです。

例えば、「○○ちゃんの好きな食べ物は？」と質問をし、シンキングタイム。この間、子どもは口をふさいでいて、何も言うことはできません。父と母で相談して、答えをひとつに絞って発表（もちろん、発表したあとに子どもが答えを変えることはできない）。見事正解するとポイントがもらえる、というものです。

さてRくんの家族。

「Rくんの好きな科目は？」という問いに対して、お母さんが「算数！」と即答しました。しかし、それを聞いたお父さんは「待て待て」と、とどめて熟考の様子。お母さんは後ろで待っている方たちの様子も気になったのか、「ねぇ、算数よ」とそわそわとお父さんを急かしますが、お父さんはそれを、まあまあといなしながら、じっくりじっくり考えて、出した答えが「図工！」。「だってRは何か作るのも好きだし、図工だろう」と。

その後、父母でさらにじっくりと相談した結果、答えとして発表したのは「図工」。

それを聞いたとたん、両親が顔を寄せ合って、自分の好きな教科のことを考えている様子を見ている時は、くすぐったいような、嬉しいような、不安なような、なんともいえない表情をしていたRくんの表情が、一気にぱっと明るくなりました。正解でした。お父さんが自分のことをよく分かってくれているんだということがとても嬉しかったのでしょう。

「父親が見ていないようでよく理解してくれているということ」。これは、ひとつのキーワードのように感じます。とりわけ、父と息子、という関係性においては。

今回は、イベントという特殊な空間の中ではありましたが、日常生活でも、ここぞ、という場面はきっと訪れます。

「父さんも小さい時そうだった」「お前は、本当はこう考えているんじゃないのか」。

普段から子どものことを気にかける、これに関して、父親が母親に勝つことは不可能です。二十四時間、子どものことを考え続けるのが母という生き物なのですから。

だからこそ、お父さんは「ここぞというタイミング」を、つかんでください。母が「いつもいつも」わが子を気にかけて視野が狭くなりすぎている時、近くで見すぎていて、その子の成長を感じられなくなっている時、父の遠くを見る冷静な目で、そっと子どもへの理解を示してあげてほしいのです。

父と母の役割分担という点でも、「ここぞ、という時に決める父」であってほしいと思います。

こだわる父

探偵団シリーズで恒例となっているのが「ピクチャーリーディング」。ある写真が一体、「どこで」「何を」「どのように」撮影されたものかを、歩き回って探します。そして、「これがこう見えるのはこの角度しかないはずだ！」と空間認識力を働かせて、答えを導き出していくゲームです。

ある探偵団で、印象的だった、年長さんの男の子とお父さんとの会話を紹介しましょう。

その時、スタッフは、ピクチャーリーディングのお題となった写真の、あるワンポイントに立っていました。観覧車と街灯、一本道が写真に写っているポイントです。一本道のどの辺りに立つかで、街灯が何本見えるかという点が微妙に変わっていきます。

大体の人は、そこまで気にせず、「あー、ここだここだ」と答えを書き込んで、次の写真の場所を探しに行きます。

しかし、この親子は、「こっちだよ」「いやこっちだよ」と、五メートルぐらいの間を行ったりきたりして、「写真と全く同じ」場所を探そうと四苦八苦、ずっと粘って考えていました。面白いのはお父さんです。まだ五、六歳の子ども相手に一歩も譲らず、「そこに立ったら、この角度だから見えないだろう」と理詰めで説明していました。

そのこだわり、その粘り強さこそ、父の良さです。

日常生活の中で、お母さんが陥りがちなのが、早く家を出なくてはいけないから「つい」準備を手伝ってしまう、「つい」先回りして、答えを言ってしまう、など。忙しいお母さんは、毎日の生活の中で「じっくり」「こだわって」「粘って」考えさせる機会は意識しないとなかなかとれないものです。

そういった意味で、この父の、小さいことかもしれないが、大事な「違い」にこだわり続ける姿を見たことは、この男の子にとって、将来に大きく役立つ経験となったことでしょう。

子どものやる気スイッチを押す父

「花まるの先生は、子どもをやる気にさせるのがうまいですね」と、よくお褒めの言葉をいただきます。しかし、それは何も特別な技術があるわけではなく、言葉のかけ方ひとつなのです。

探偵団に参加していたある四人家族。父、母、兄、妹という一家です。

「水族園で迷子の魚を捜そう」というイベントの最中でした。ちょうど、水族園に入る三

階に通じる階段があったのですが、ここでお父さんが一言。お兄ちゃんに向かって
「よし、お父さんが指令を出すぞ！　あの階段の上に、迷子のお魚さんが（変装した花まるスタッフで、見つけるとポイントをもらえる）いるか見てくること！」

それを聞いたお兄ちゃんは、

「わかった！」

そして妹に、

「僕がお父さんから指令をもらったから待っていてね！」

と言って、長い階段を駆け上がっていったのです。

その日は暑い日でした。ここから先は推測になりますが、きっとお父さんは、小さい妹さんを連れて家族全員で階段を上ることを避けたかったのでしょう。

そこをうまく、子どもの大好きな「指令」という言葉で、頼りになるお兄ちゃんに頑張ってもらいました。頼られたお兄ちゃんは、「自分に任せられた仕事だ！」と張り切って全力で階段を駆け上がっていきました。

言葉ひとつで子どものやる気スイッチを押せる、素敵なお父さんです。

子どもを主役にする父

子どもと遊ぶときは、必ず、大人が本気な姿を見せてください。この本の中で私が何度も述べてきた基本の基本です。

ただ、それとは別軸で「子どもを主役にする」という視点も重要です。

ある探偵団での、Kくん一家の事例です。

ピクチャーリーディングのポイントにたどり着き、写真と照らし合わせながら、その写真が撮影された場所を一生懸命に捜すKくん。お父さんはそのKくんのアシストをし、お母さんはその様子を少し離れたところから見守っていました。

さて、実はこのポイントは、正解となるものの目印と、その正解によく似たダミーの目印が一緒にあるポイントでした。

Kくんはまず、ダミーポイントを見て「あったー！」と叫ぶ。

そこで、アシストをしていたお父さんは、すぐに「違うよ」と言うのではなく、Kくんにもう一度問いただしました。

「K、旗が何本あるかな？　一緒に数えてみようか」

「1 2 3……」

「じゃあ、この写真には旗がいくつあるかな？」

「1234……あ、違う！　じゃあ、お隣のあれかな？

1234……あったー！　お父さん、あったよー！」

「よし。花まるの先生のところに行こうか！」


また別のゲーム、「ラッキパーソンを捜せ」でのこと。私、高濱が変装した姿を見つけ出して得点を稼ごうというもの。このKくんの家族は、最後の最後まで私を捜していましたがとうとう見つけられず……。実は、この時、私はKくん家族のすぐそばにいました。そしてKくんのお父さんもそのことを知っていた様子でした。しかし、一生懸命に捜すKくんを最後まで見守り続け、口を出すそぶりはありませんでした。

この親子探偵団は、最後までKくんが主役でした。見事入賞し、最後の表彰式で表彰状をもらったときのKくんの顔。父親のここぞという場面でのアシストがKくんの自信へとつながったことが分かる、とてもたくましい顔でした。そして家族全員の最高の笑顔。どんな状況でも、子ども主体で最後まで考え抜かせるお父さんの、子どもの将来を長い目で見た温かい思いやりが、Ｋくんを、家族を、輝かせてくれていました。

すべてに共通するのは遊び心

さて、このように探偵団シリーズを通じて見られる、幾人もの素敵な父親を紹介してきました。

すべての父親に共通している点は何でしょうか。私は「遊び心」だと思っています。

どんな場面でも「遊び心」を忘れずに。

時には本気で勝ちに行き、時には本気で子どもとやりあい、時には本気で子どもを、家族を楽しませる側にまわる……。

その「遊び心」さえあれば、今回の探偵団のような大掛かりなイベントの場でなくとも、普段から楽しい親子遊びの場をいくらでも作り出すことができます。

私たちスタッフ側にも、イベントを通じて、「知識を深めてほしい」「空間認識力を鍛えてくれれば」「コミュニケーション能力を磨いてほしい」など、色々な思惑はあります。

しかし、それはあとからついてくるもの。子どもたちが本当に伸びていくためには、遊びや生活を通して得られる実体験の積み重ねが不可欠です。「遊びとしか思えないような空

実際にピクチャーリーディングで使った写真（しのばず探偵団より）

間」の中で、子どもは伸びていきます。

ですから、ぜひ、ちょっとした機会に、「父の遊び心」を発動してみてください。

家の中で、公園で、旅行先で。「遊び心」さえあれば、必ずや、充実した親子の時間を過ごすことができるでしょう。

家でもできるピクチャーリーディング

探偵団の中で「写真をヒントに……」と紹介されているゲームが、「ピクチャーリーディング」です。これは、小学校高学年向けの「青空授業」（算数の授業を、野外で行うもの）の中でもテキストとしてとりあげたことがあります。ある写真が、どこから、どの角度で撮影されたものかを当てるというもの。「どの角度で」というのがポイントで、頭の中で物を自由自在に動かして考える、空間認識力が鍛えられます。

このゲームは、家でお父さんが問題作成をすることも簡単にできます。ご家族で外に遊びに行った際に、ぜひ、挑戦してみてください。

第5章　父と子の絆を深める

1　父と子で参加する宿泊イベントの意義

第4章で紹介した「親子探偵団」。これは家族で参加できる、日帰りイベントです。

さて、花まる学習会には別の「親子企画」があります。

「親子キャンプ」「親子海釣り」「親子雪まつり」などです。これらはすべて、宿泊のイベントで、お母さんは家で留守番、お父さんと子どもの二人だけで参加するケースも最近は増えてきました。

母がいない場、そして生活を伴う宿泊という機会……父と子の遊びの集大成といえるでしょう。

ここではいくつかの事例を交えながら、花まる学習会の親子企画で見せたい父の姿、伝えたい子どもの伸ばし方について、考えていきたいと思います。

いやいや父さんが張り切り出す時

今でこそ花まる学習会の宿泊の「親子企画」はＴＶなどでも取り上げられて、定員以上の応募が来るぐらいの人気企画になりましたが、運営をし始めた当初は「いやいや父さん」の姿が多くありました。

要するに、親子企画に参加した理由が、

「妻に言われたから仕方なく……」

「下の子が小さくてまだ外に連れて出られないから、せめて上の子だけでも一緒にキャンプに連れて行ってと妻に頼まれて……」

という、非常に消極的なもの。

行きのバスの中で、子どもは大はしゃぎなのに、父はうたたね……という姿もよく見かけました。

けれど面白いことに、「父は父」。子どもに頼られると、やっぱり張り切ってしまうのです。例えば「親子キャンプ」。慣れない環境、初めての経験に、子どもは思いついた疑問をまず一番身近にいるお父さんに尋ねます。そうすると、お父さんは「解決しなくては！」モードになり、急にやる気を出して、試行錯誤してテントを立ててみたり、スタッフに物のありかを尋ねに来たり……。

「父が頑張らないと、どうにもならない状況」というのがいいと思うのです。「やるしかない」状況。その追い込まれた状況に立ち向かう姿。それが、子どもにとって新鮮でかっこいい。

「親子でキャンプ」というと、アウトドアスキルのないお父さんは尻込《しりご》みをしてしまうかもしれません。実際にあった相談で、

「恥ずかしい話なんですが、自分自身があまり虫が得意ではなくて、そんな姿をあまり見せたくないので、親子でキャンプなんてとても無理です……」

という内容のものもありました。

「親子海釣り」の企画でも餌となるイソメになかなか触ることのできないお父さんもいます。子どもは意外とギュッとつかむんですよね。女の子でも、割と躊躇《ちゅうちょ》なく。

そういった、野外での苦手意識のあるお父さん方には、こんな風に伝えています。

無理をする必要は全くないけれど、子どもに自分の「嫌」を先入観で植えつけないでほしい。大人になってから苦手を克服することは難しいですが、子どもはなんだかんだ言ってもやりますよ。だからその機会を提供してあげてください。

また、お父さんにできないことがあるからといって、すぐに自分の父親がかっこ悪い、

とは子どもは思いません。親の威厳は、そんなものでは決まりません。それよりも、父のかっこよさを見せる他の場面だってたくさんあるんですよ、と。

事例　息子と父～本当の「かっこよさ」

Aさんの家族の事例を紹介しましょう。

Aさんの家族は、父と一年生の息子の二人で、夏の「親子キャンプ」に参加しに来てくれました。毎年「親子キャンプ」は長野県の青木村《あおきむら》という場所で行っています。ロケーションもさることながら、村の方々がみな非常に温かく接して下さる、とても素晴らしい場所です。

その回では、自由時間に親子で、竹細工で遊ぶことができました。村の方が準備して下さった竹を使って、周りでコップや箸《はし》を作り始める中、Aさんの親子が作り始めたのは「竹とんぼ」。

きっとお父さん自身が、小さい頃に作った覚えがあったのでしょう。割とスムーズに形はできあがったのですが、いざ飛ばそうとすると、その竹とんぼが飛ばないのです。

さぁどうするか。何度やっても飛びません。しかも、たまたま花まるのスタッフも竹とんぼを作っていて、その竹とんぼは、よく飛ぶのです。ますますあせるお父さん。

「なんで飛ばないのー。えー」とテンションが下がる息子。

そこでお父さんがかっこよかったのは、決してあきらめなかったこと。そして、工夫をし続けたこと。翼を削ってみたり、左右のバランスを考えてみたり、やれることはどんどん試して、必死になって、竹とんぼを飛ばそうとしました。

そうすると、一メートル、二メートルと、少しずつですが、飛び始めました。父親の一挙手一投足を、側で見守る息子。最後にはようやく「落ちた」ではなく「飛んだ！」と言える竹とんぼが完成しました。

その時の息子の、嬉《うれ》しそうな顔！

実は飛距離でいったら、最初に花まるスタッフが作った竹とんぼの方が断然遠くまで飛ぶ作品だったのですが、息子はその時、父親の顔しか見ていませんでした。子どもにとっては、いつでもお父さんがヒーローです。お父さんが必死になって竹とんぼを作っているその時間は、決して第三者には立ち入ることのできない、お父さんと息子だけが味わえる濃密な時間だったのだな、と思います。

子どもは本質を見抜いている

子どもは大人が思う以上に、本質に敏感です。

「できない」＝「かっこ悪い」そういう価値観を、子どもに押しつけているのは、実は大人の方ではないでしょうか？

今回の事例で言うと、「できなかったけどあきらめずに続けた」ということに、子どもは「父のかっこよさ」を見ていたのではないかと思います。精神論かもしれませんが、そういうところは、やはり大人が、親が、行動して見せていくしかないのです。

また「一緒にモノを作る」というのも、とてもよい経験です。

「親子キャンプ」の参加者は、「竹」と「のこぎり」を見ると、目の色を変えます。子どもはもちろん、それ以上に親が夢中になる姿は、毎年のように見られる光景です。そして「モノ作り」はたいてい、大人の方が経験量が多いはず。小さい頃にのこぎりやきりを使った工作が好きだったというお父さんはいませんか？「野外でかっこいい姿を見せなくては」と変に気負う必要はなく、ただ自分が好きだったこと、今でも好きだと思えること、楽しいと思えることを、子どもと一緒にやってみればいいのです。

それも、子どもに「何かを教える」という意識ではなく、子どもから「お父さん、それ僕も、私もやってみたい！」と言わせるほど、自分が夢中になって。

親子キャンプの二日目の朝、たいてい父親はぐったりとしています。一日目のペース配分が分からない上に、「頼られる」ことで、頑張ってしまうのが父親ですから。

ですが、その姿すらも、一日目に本気で遊んでくれた証拠。子どもにとってはかっこいいものです。一日目に頑張りすぎた父のことを、どの子もみんな「うちのお父さんが一番かっこいい！」と思いながら、子どもたちは二日目も、無尽蔵に溢《あふ》れ出す元気で駆け回るのです。

父親にとって、娘は「全く別の生き物」

「息子との遊び方は分かるのですが、娘はどうもねぇ」

こういう悩みもよく耳にします。確かにこれまで紹介してきた事例で多いのは「父と息子」。よく子育て中の母親向け講演会で、私はお母さんたちに向かって、

「男の子の子育ては、悩みも多いでしょう。まず〝異性〟という大きな壁があり、その上、〝子ども〟という壁がある。二重の壁が存在しているのですから、もうまったく別の生き物でしょう」

と、話すのですが、父にとっては、娘こそが、「全く別の生き物」。自分の子ども時代を当てはめるわけにもいかず、また女の子は精神的に大人になっていくのが早いこともあり、なかなか難しいところです。

宿泊親子イベントでの、「娘と父」の事例を二つ、紹介しましょう。

事例　娘と父～娘の父を見る目の変化

「なんでパパと行かなきゃいけないの？」

Bちゃん親子の「親子雪まつり」は、娘のBちゃんのそんな一言からのスタートでした。一年生のBちゃんは「親子雪まつり」自体は楽しみにしていたのですが、父親と二人で参加ということを聞いた途端に不機嫌に。

「なんでママとじゃないの？　ママと二人か、せめてパパとママと三人が良かったのに」と当日の朝まで嫌がっていたBちゃん。それでも何とかママの説得を聞き入れ、パパと二人の「親子雪まつり」が始まりました。

そんなスタートですから、お父さんも辛《つら》かったでしょう。別に、普段、Bちゃんとお父さんの仲が悪いわけではないのです。ただ、「特別な時はママと」というBちゃんの考え方に、改めて母親の存在の偉大さを感じていたかもしれません。

「親子雪まつり」では初日に雪合戦を行います。公式ルールとして、二チームに分かれて雪玉を当てあいます。その雪玉をかいくぐって、相手陣地の旗を先に取ったチームが勝ちです。子ども同士でやると、雪玉にぶつかることを恐れてなかなか旗を取りに相手陣地に突入できなかったり、反対に、開始の合図と同時に雪玉は無視して突進していったり……。なかなかその子その子の性格が出ておもしろいものです。

さて、大人同士はどうなるかというと……実は、子どもと同じくらい白熱します。お父さんヒーローが生まれやすい企画でもあり、過去にも「高校球児だったお父さんヒーロー」や、「策略上手な頭脳派お父さんヒーロー」が生まれてきました。

そして、今回のヒーローは、なんとBちゃんのパパでした！

自分に向かってくる雪玉を避けながら敵陣に突入し、最後は、見事旗をダイビングキャッチ！　雪まみれになりながらも、Bちゃんのお父さんの手には旗が！

それはもう文句なしにかっこいい姿。自分のチームを優勝に導いたのですから！

その場にいる全員から拍手が沸き起こりました。

しかし、なぜかお父さんがなかなか起き上がりません。どうやらうずくまって冷や汗を

スノーフラッグに熱中！（2009年親子雪まつりより）

何ができるかな？（2011年親子雪まつりより）

親子で川の字（2012年親子雪まつりより）

かいているようなのです。ようやく起き上がっても、足を引きずり引きずり……救護のものが手当てに走り、どうやら軽い肉離れだろう、ということが判明しました。一泊二日の最初のイベントで、ケガをしてしまったのです。

（せっかく頑張っても最後にケガをしたら台無しだなぁ）

（本気を出して怪我をしたら周りに迷惑をかける。ここは無難に乗り切った方が、Bちゃんのためにもよかっただろうに）

そんな風に考えてしまうのは、大人の変な先入観の押しつけだと感じます。

いきなりケガをしてしまいましたが、Bちゃんは、真剣に走り、見事旗を勝ち取った父の姿を見て、心底「かっこいい!!」と思ったのでしょう。その後、がらりと表情が変わりました。Bちゃんのお父さんはそのあとの「親子雪まつり」をベストなコンディションで楽しむことはできませんでしたが（それでも、二日目の雪像コンテストでは、父娘で力を合わせて二位を勝ち取りました！）、二人は家に帰った途端、お母さんに向かって、競うように今回の思い出を話し始めたそうです。

行く前とは打って変わって、二人の楽しかった様子が伝わってきたこと、また、娘の父を見る目が変わったことが、お母さんにとって何よりの思い出になったようでした。

「父のかっこいい姿」を求めているのは、息子であろうと、娘であろうと変わりありません。「娘に対して」だけ、特別扱いする必要はないのです。ただ、粛々と「かっこいい姿」――それは誠実に、目の前のことに一生懸命取り組んでいる姿、でしょうか――を見せる、そこに焦点を合わせていけばいいのだと思います。

事例　娘と父～父の娘を見るまなざしの変化

Cさんは、Bちゃんとは反対に、「親子海釣り王国」という宿泊企画に、最初から父親と行く気まんまんでした。

Cさん一家は父、母、小学校五年生のCさんの三人。企画に申し込んだのは母親です。「人気のある企画らしいから、抽選で外れるかもしれないけれど……もし当たったら、Cと二人で行ってきてね」

それを聞いたお父さんは、「まぁそんな前置きがあるくらいだからきっと抽選で外れるんだろうな」と、思っていましたが、結果は、見事「当選」。

お父さんは、最初「しまった！」という気持ちと、心配な気持ちしかなかったそうです。

Ｃさんの父親は複雑でした。年齢を重ねてから授かった一人娘、Ｃさん。自分は親子企画に参加するような、育児熱心な若い世代の父親とは年も離れているから、そんな父の輪に入れず浮いてしまうのではないか。また、娘は五年生で、そういった企画に参加するのには学年が上すぎるのではないか。低学年の子たちとちゃんとコミュニケーションをとれるのか。

しかし、そんな数々の心配をよそに、Ｃさんは一言、

「パパと行く！」「ママじゃない」と。

「五年生の娘がここまで父と行くと言ってくれているんだから。年齢的にも父と娘の二人旅なんて、この機会を逃すともう一生無いかもしれない――」

そんな母親からの忠告もあって、お父さんはようやく重い腰をあげ、父娘の二人参加となりました。

さて、実際に参加してみてどうだったか。

夜、大人だけの飲み会の中で、実際にお父さんが話してくれた言葉です――。

「『別の家族と相部屋』と聞いて最初は不安だったんですよ。ところが来てみたら、あちらの家族も父と三年生の娘さんで。あっという間に、娘同士仲良くなってしまいました。子ども同士、うまくやるものですね。自分の娘が積極的に他の子と関わる姿を想像していなかったので、嬉しい予想外だったんですよ。釣りに関しても、今日は全然釣れなくて。終了三十分前になったので、『今日はもういいんじゃないか』と声をかけたら、娘が、『あと三十分あれば釣れるかもしれない』と言ったんですよね。自分の娘がそんなに粘り強いことが意外でした。最後まであきらめなかったんですよ。

私は今回の海釣り王国で、学んでばかりです。娘の新しい姿、他のお父さんの子どもとの関わり方、など。本当に来てよかったです」

こちらこそ、「参加してくれてありがとうございます！」という気持ちでいっぱいでした。父と娘。お互いに違いすぎる生き物だからこそ、「一緒に遊ぶ」というハードルを高くしがちかもしれません。しかし、「えいや！」と、一度実際に外に出てみたら、お互い違うからこその新しい発見がたくさんあります。「娘のことは母親に任せた」ではなく、また、父として、何かを教えようとするのではなく、娘のことを知ろうとする機会。これが、父娘の関係性においては大切なのでしょう。

2　高学年になったら、チャレンジしてほしい「二人旅」

事例　息子と父〜父と息子の二人旅

息子と父の二人旅の事例を、最後にひとつ。私の友人Dの話です。

友人Dは、訳あって息子さんとは離れて生活していました。

先日、そんな息子さんと、鹿児島の知覧《ちらん》特攻《とっこう》平和《へいわ》会館《かいかん》へ、二人旅をしたそうです。

知覧特攻平和会館には思い入れがあります。

二〇一一年十二月。毎月書いている「花まるだより　巻頭文」の中で、私はこんな想いをつづりました。

高濱コラム　『母』　二〇一一年十二月

二年前になりますか、サマースクールの中に「高濱先生と行く修学旅行」というコースを創ってみたことがあります。サマースクールはあくまで川を中心とした外遊びを軸にしていますが、思春期の子向けに修学旅行をするならば、こんなものをという思いを形にしたのです。

阿蘇山《あそさん》で活動中の火口を眼前にし、熊本城の石垣で歴史を考え、湧水池に枠組みを後付けした魚の泳ぐプールで水のありがたみに触れ、水俣《みなまた》では水俣病の語り部に語っていただいて公害の実態を感じてもらい、満天の星に時を忘れ、最終日には、自分が泳いで育った球磨川《くまがわ》の支流で遊びました。テーマソングの「キセキ」を大合唱しながら、私自身が運転するマイクロバスで移動し語り合った四日間は、濃密な日々として昨日のように覚えています。

もちろん花まるの全ての活動がそうであるように、笑いや楽しさというお皿の上にのせているのですが、目的は、大人になりかけの初々しい魂に、人生について豊かな問題意識を持ってもらうための「考えるヒント」となる経験をぶつけることでした。語り部の女性の話をシンとして聞きながら彼らの心が震えるのを肌で感じ、またのちに何人もが、「あれは良かったです！」と語ってくれて、結論としては、実現してよかったなと思っています。

さて、その修学旅行をまたやってみたいなと思わせることがありました。講演で鹿児島に行ったのですが、前から行ってみたかった知覧の「特攻平和会館」を見学したのです。小泉元首相が涙していた場面で覚えている方もいるかもしれません。知覧の飛行場から飛び立っていった特攻隊の遺品や手紙などを展示してあるのです。

私も泣きました。もうすぐ旅立つというときに書いた手紙は、圧倒的な迫力がります。洗脳されていて気の毒にという見方をする人もいるのは知っていますし、二度と繰り返してはいけないという結論自体は間違ってはいないと思いますが、私は感動しました。ヘナチョコ溢れる現代では見られない彼らの背筋の伸びた生き方がまぶしかったのです。

いつの時代でも国家は教育を通じて、ある種の洗脳に近いすりこみをするもので、例えば今の日本で十八歳になったら受験、二十一歳になったら「シューカツ」というものをするものだと、鵜呑《うの》みに信じている若者の姿は、まさしくその例です。大メディアが「大本営発表」といまだに本質的には変わらないではないかということも、しばしば指摘されることです。

矛盾や理不尽な制約は、いつの時代にもあるもの。私が最も心打たれたのは、置かれた状況で、人のために自分の命を投げ出す覚悟を決めた彼らの、母への思いについてです。

お母さん　お母さん
今俺は征《ゆ》く
母を呼べば
母は山を越えてでも　雲の彼方《かなた》からでも馳《は》せ来る
母はいい
母ほど有難いものはない
母！　母！

（九段隊　中村実隊長の手紙より）

講演会でいつも言っていることですが、大人として社会人としてがんばっている人の共通項は、母への信頼が溢れていることです。母像は生きる力の中心。今回手紙を読んで、生死の際で心にわき上がるのは、やはり、母なのだと確認できました。こう書くと「親としてプレッシャーがかかる」と言う方もいるのですが、大丈夫。満点の人なんていないのだし、失敗もやりすぎもある人間らしい人間として、精いっぱい可愛がればいいんだと思います。

忘れられない一年となりました。たまさか生き残ったという気持ちは続いています。命ある限り、子どもたちの未来のために全力を尽くしたいと思います。良い年になりますように。

二〇一二年、巻頭文に書いたように、実際に、三十人程の小学四～六年生を連れて、知覧の特攻平和会館へと行ってきました。そこでもいくつもの子どもの心の動きを見ることができたのですが、それはまた改めて。

そんな特攻平和会館へ、今度は友人Dが父と息子の二人旅として、訪れたそうです。

「帰りは、男二人、無言でした」

Dは言いました。息子さんは六年生、思春期まっただ中です。色々と思うところがあったのでしょうか。帰りの道のりは、距離も時間も決して短いものではなかったはずなのですが、男二人、ずっとだまったままだったそうです。

しかし、その空間が良かった、とDは教えてくれました。

思いを共有している空間。男同士がただただ通じ合っている事が分かる、その時間。それがとても心地よかったと――。二人にとって、かけがえのない時間になったことは、間違いありません。

それ以来、私は、父と息子の二人旅について語るとき、「心揺さぶられるものを一緒に二人で見に行くのはどうか」と提案するようにしています。「言葉にできない思いを共有する」という経験は、同性である父と息子だからこそ、できる部分が多分にあると思います。そこに母親が入ると、一概には言えませんが、どうしても「かわいそうねぇ」「なんでこんなことが起きたんだろうね」などの言葉が入ってしまうでしょう。無言を分かち合えるのは、やはり、父と息子だからこそだと思うのです。

鹿児島の知覧特攻平和会館、広島の原爆ドーム、熊本の水俣病資料館、沖縄のひめゆりの塔……。その年齢にあったものを、というチョイスは必要になるでしょうが、「心揺さぶられる経験を」、がベースにあるテーマです。

まだ大人になる前の心が柔らかいうちにこういう経験を積むことで、将来、自分の頭で考え、感じ、問題意識を持ち、行動できるようになってほしい。そしてその父の思いを受け継いで、やがて子どもたち自身が父になった時に、同じように息子と二人旅に出てくれるといい、そんな想いをこめて。

ぜひ、父と息子の二人旅、計画してみてください。

第6章　父と息子、父と娘

1　父と息子の遊び

息子と娘では関わり方が変わる

第5章では「父と子の絆を深める」というテーマで、いくつかの親子の事例を紹介しました。

宿泊イベントを通じた父と息子、父と娘。子どもというくくりにおいて、「父親」という役割は共通する部分もありますが、やはり同じ男性同士である父と息子と、異性である父と娘では、少し関わり方を変えていくべきところもあります。父対息子、父対娘、それぞれの課題を、もう少し掘り下げてみていきましょう。

花まる学習会を作ってまだ、間もない頃、野外の宿泊イベントでの思い出深い光景があります。

その頃は「四季の自然スクール」という名前で開催していたのですが、全体で親子五、六組ほどの参加しかありませんでした。その参加者のひと組が、5年生のMちゃんと、そのお父さんの二人組でした。

夜、レクリエーションをする時間がありました。親と子のじゃんけんゲーム、グーで負けたら、親が子を背負う、チョキで負けたら、親が子を抱っこする（学年が上の子はお姫様抱っこでもよい）、時々立場が逆転して、子が親を背負うというペナルティもある……。というものを行いました。Mちゃんのお父さんもじゃんけんで負けて、Mちゃんをお姫様抱っこする姿がありました。

その日の夜。Mちゃんのお父さんは、夜の大人だけの飲み会で泣き出しました。実は最近のMちゃんは思春期ということもあり、お父さんとはほとんど口も聞かないような状態だったとのこと。お父さんは娘が相手をしてくれなくてさみしくてさみしくて。「娘を抱っこなんてもう一生できないと思っていた。最高の思い出です」と。

まだ結婚してまもなく、子どももいなかった私にとって、父が娘を想う気持ちとはかくあるものかと、衝撃でした。娘に相手にされないということは、大の大人が泣くほどのものなのか。

その後二十年近く、親子の関係について考えてきました。中心は、子どもです。子どもたちが将来メシが食える大人になることが教育の最大の目標で、そのためにどうすればいいのか。大人たちは何ができるのか。

最初に至った結論は、「母こそ命の中心だ」という点です。母の期待に応えたいという気持ちがどの子どもにも存在し、それが活力ある生き方の原動力となります。また、母の愛情に自信がある子どもは、のびやかに育っていきます。

ただ「母こそ命の中心だ」、だから、母親が子育てを必死に頑張らなくてはいけない、というわけではありません。お母さんにはがんばり精神ではなく、安心という精神でいてほしいのです。にこやかに、安定して、子どもを慈しむこと。その穏やかな愛情のもとでこそ子どもの芽が伸びていくことは、これまでいくつものご家庭をみてきた中で、断言できます。

では、家族の中での父親の役割って何だろうと考えた問題意識が、この本を記すきっかけになりました。第1章でも述べましたが、「父親と遊べていない子が心を病んでいるケースが非常に多い」というのが、父親の役割に関するひとつの答えでした。

父が子と遊ぶ。

そのことによって、どれだけ母親が心を救われているかということを、声を大にして伝えていきたい。父親と子どもが遊ぶことによって、母親はもっとも「夫が子育てに協力してくれている」と感じるようです。父親が子どもと遊びほうけているぐらいでちょうどいいのです。

母にしてみれば、「私がこんなにかわいいと思っている息子・娘を、あなたもかわいいと思ってくれているのね」という子どもに対する愛情を共有できるきっかけとなるのが父と子の遊ぶ姿です。家族としての一体感を感じられるのでしょう。女性には「共感」が必要です。その「子どもへの愛情を共感し合う」シチュエーションとして、父と子の遊びという場面は大切なものです。

反対に、子どもと遊んでくれない父親に関して、母親は「なんなの、子どもがかわいくないの。私がこんなにかわいく思っているのに」と感じます。子どもの勉強を見てあげたり、子どもの世話を焼いたり、それも確かに父親としての愛情から来ているものなのですが、ダイレクトに、父親が無償の愛を注いでいると感じられるのは、やはり心から笑いあう「遊び」の場でしょう。遊んでくれない父親は、母親にしてみれば不信の対象です。夫婦間の亀裂となり、子どもが傷つき、家族が壊れる。大げさかもしれませんが、それぐらい、父と子の遊びの持つ効能は大きなものです。

父と子が遊ぶ。

単純なようですが、この重大さを世に広め、少しでも多くの父に実践してほしい。そう思います。

とはいえ、現実には、「遊べない父」という存在が増えています。外の大人の男性として、私や花まる学習会の社員が子どもとこういう風に遊んできたということを中心に、第2章や第3章では具体的な遊び方を紹介してきました。

私が思うに、男というのは、あるモード、自分の遊びのモードに持ち込めば、基本的にみんなが遊び好きです。電車好き、スポーツ好き、映画好き、建築好き、歌好き、料理好き……それぞれの持ち味があります。自分自身の持ち味を武器と思えばいいのです。「父と子の遊び」というと、山登りやキャンプ、など、自然の中での親子の語らいといったイメージが強い方もいるかもしれませんが、無理に野外に連れていかなくてもいいのです。自分が遊びのモードになれる世界に、ぜひ子どもを連れ込んでください。操作する、見る、集める、作る、何でもいい。自分が夢中になれる何か、その魅力を大いに伝えていきましょう。

父と息子の遊び

父と息子の関係性、遊びの中で、父親が果たすべき役割は何なのか。父親がなぜ息子と遊ばなくてはいけないのか。

男の子の遊び方は、女の子とはまったく違います。

花まる学習会では七月から八月にかけて、サマースクールを行っています。バカンスではなくスクール、として、子どもだけの生活の中でもまれ、社会に出た時に役立つ力を養うことが目的です。私も毎年この時期は、各地を飛び回り、できる限り子どもたちと触れ合い、言葉を交わし、本気で遊ぶようにしています。

先日のサマースクールでの出来事です。小学校四年生以上の高学年の子が参加するコースでした。男の子の中で「変態軍団X」という遊びが流行《はや》りました。ちょっとした戦いごっこをしていたのですが、それがやがて、だれが私に捕まらずに私のお尻を触れるか、という遊びに変化して、男の子が集団で、おやじである私のお尻を触りに向かってくる、という事態になったのです。手をぱってんにして「変態軍団X参上！」「違うよ、Xだから、手はまっすぐバツじゃなくて、ちょっと手の先が丸まっているんだよ!!」と目を輝かせる男の子。女の子たちが横目で軽蔑しているのは分かりましたが、私はその遊びに乗りました。だって、楽しいですから。

男には男にしか分からないつながりがあるのです。女の子、そして、母親には、到底理解できない世界でしょう。下品で、何の意味もなく、何が楽しいのか分からない世界。しかし、男社会の共通言語として、そのくだらなさを笑いあうという経験を積んでおくことは、男の子にとって重要なものです。いわゆる有名大学の大学生の集まりに参加したことがあるのですが、そんな中でも、男性だけになった途端、いかに笑いを取りに行けるか、しかも下ネタで、という空気になったものです。

笑いを取れるイコール、魅力的な人材です。オスが集まれば、優秀な世界でもばかなことばかりやっている、そんな感覚はありませんか？　ばかなこと、遊び心、心が弾ける経験、枠にとらわれず新しいものを生み出す力、そんな風につながっていきます。

男同士の遊びで母親の枠を脱却

また、そういった男同士の世界での遊びは、母親という枠からの脱却という働きもあります。子どもたちは、いつかは親元を離れます。しかし、子離れできない母親、特に、息子から離れられない母親は、かなりの割合でいます。かわいいのです、息子が。娘は同性で、大人になるのも早いですから、母親の枠を自分でそれほど苦も無く飛び越えていきます。対して息子は、娘に比べると大人になるタイミングも遅いため、高学年になっても「かわいくて仕方がない」存在です。母親としては、手を出し、口を出し、ついつい世話を焼きたくなるものです。しかし、母親という枠の中に閉じこもっていたら、男の子はいつまでたっても、「男社会での共通言語」を学ぶことはできません。社会に出たら、必要とされる男同士のつき合い方。ここは、父親の出番です。遊んであげてください。

さて、その「変態軍団X」の遊びをしていた少し横に、なかなか輪に入れないYくんがいました。Yくんは優しいのですが、おとなしく、写真を撮るためにカメラを向けても「作り笑いはちょっとできません……」と言ってしまうような子でした。優しさはとても大事な要素ですが、それだけでは男の子の社会では、なかなか友達の輪には入りづらいもの。オスの世界では「弾けられるかどうか」というのも、優しさ以上に問われる要素です。

Yくんは、それでも「その世界に入りたい」という気持ちはあったようで、私の周りをかけまわる「軍団」の周りを、さらにうろうろ。最後には、「X!!」という手のポーズだけは、みんなと一緒に行うようになりました。子どもたち自身が発していた、「躍動感」

の勝利と言えるでしょう。

この「躍動感」というのもひとつ大切なポイントです。私は授業においても、遊びにおいても、子どもが躍動する瞬間というのを絶対に逃さないようにしています。今回でいうと、この遊びを始めた瞬間に、子どもたちの目がキラッキラに輝いて、躍動する状態になりました。だから止めませんでした。海岸での遊びだったのですが、中には「海に入るよりも、高濱先生と砂浜で戦いたい」という子も。お金を出してサマースクールに参加させている母親が聞いたら「何のためにサマースクールに行ったの!?」とあきれるかもしれませんが、しかし、大事なのは、その時その時で子どもが何に対して躍動するのか、ということです。その躍動の中にこそ、本質的な遊び=学びがあります。

男の子の遊びの中には男にしか分からないものがある。だからこそ、父親が同じ男性という立場で一緒に遊んであげてほしい。また、父親が大人の男性として迫力ある遊びの中で、子どもを躍動させる状態にさせてあげてほしいと願っています。

母子家庭の場合

ずっと「父と子の遊び」の大切さを語っていますが、では、母子家庭の場合はどうするか。そういった家庭はぜひ、子どもにとって親しい大人の男性の存在を大切にしてあげてください。祖父との将棋でも、親戚のおじさんとの釣りでも、体操の先生との戦いごっこでも、何でもいいのです。外の男性とお下品な遊びをやっているなんて、母親としてはすぐにでも止めに入りたいところかもしれませんが、度を越えたものでなければ（また、その男性が、常識を備えた人物であれば）、ある程度は目をつぶりましょう。母親の価値観の枠の中だけで育ってきてしまった男の子は、社会に出てから苦労します。オス対オスの遊びの中でしか学べないものがあるからです。

母子家庭だから子どもが育たない、ということはまったくありません。実際に、私はこれまで何人も、母子家庭から育った素晴らしく魅力的な人材に出会ってきました。母親への愛情にあふれた素敵な人物です。ただ、母子家庭で陥りがちなのが、母と子だけのカプセルに閉じこもってしまうこと。そこは、お母さんが意識して、大人の男性との遊ぶ場面を作ってあげてほしいと思います。

2　父と娘の遊び

父と娘のコミュニケーション

では、次に父と娘の遊びについて。娘にとって、お父さんとの遊びはどういうものなのか。父親は、娘とどのように遊べばいいのでしょうか。

父親は、娘より、二、三十年長く生きています。では、娘という女性のことを分かっているのか、といえば、必ずしもそうとは限りません。長く生きている父親よりも、七、八歳の娘のほうが、女心を体得していることは往々にしてあります。そこがまず、父と娘のコミュニケーションの難しさとして、あげられるでしょう。

これもサマースクールでの出来事です。六年生の女の子三人と、食事のテーブルが一緒になりました。四人がけのテーブルに、六年生の女子三人と、五十を過ぎたおっさんがひとり。自分だったら会話に困る……と思った男性は多いかもしれませんが、実は私は、この時間をいつも楽しみにしています。女の子の実態を垣間見ることができるからです。

さて、その時に知った出来事は、普段、子どものプロフェッショナルを自負している私ですら、想像も及ばない、びっくりするような「女世界」でした。

高濱「今、小学校に、『番長』っているの?」
女子「『番長』なんていないよー。男子? まさか。女子が強いに決まってるじゃん」
女子「女子が権力を握っていて当然だよ」
高濱「じゃあ、好きな男子はいるの?」
女子「いるよ。うちの学校には、イケメンズっていう軍団があるよ」

……聞いていくと、彼女たちは「イケメンズ」という女子から寵愛《ちょうあい》される男子軍団と、相手にされない男子軍団とに男性を分けていて、女子はみなそれを共有している。また女子は話し合いを行って、それぞれが重ならないように「四股」「五股」をかけている、とのこと。

女子「男の子はこれを聞いたら、傷つくと思います」（真顔で）

高濱「女の子同士って、どう？」
女子「悪口の言い合いはあるよ。ある子の悪口を誰かが言ったら、絶対にそれにのっかっていかなくちゃだめで、『え、あの子、本当はいい子だと思う』なんて言ったら、次は自分の悪口をかげで言われる」

こんな調子で、女世界のドロドロした話が続いていきます。最近は、新卒採用でもたくましいのは女性ばかり、などという話をよく聞きますが、それはそうでしょう。これだけの厳しい世界に小学生のうちからさらされているのですから、そこを生き抜いていくのは相当なこと。今の時代、女の子にとって、小学校生活を滞りなく過ごすという、ただそれだけのことが、どれだけの試練なのかということを、まざまざと見せつけられました。

娘からは女性の感性を学ぶ

お父さんはかわいい娘のこんな話は、あまり聞きたくないですよね。大抵の父親は言葉を失うと思います。私も、想像をはるかに上回る世界に驚きました。この例は少し極端ではありますが、このことから私が感じたことは、「父親が娘から、女性の感性を学ぶ」ということの大切さです。

前述しましたが、父親は娘より長く生きています。そして、男はプライドで生きています。だから、娘に対しても「説教臭く」「教え導く」というスタンスを取ってしまいがちかもしれません。けれど娘は、小さくても「女性」という男性とはまったく違う生き物です。変に説教臭くなるのではなく、お父さんのほうから娘にいろいろと聞いてみましょう。

「そこで、どうなったんだ？」「そういう時、○○はどう思ったの？」など。

母親や友人だと、同じ女性としての主観が入るせいか、会話の途中で自分の話を始めてしまうということもあるので、父親が男性という立場で、最初から最後まで客観的に話を聞いてあげることとは、実は娘にとっては貴重な経験です。女の子は基本的にはお話好きですから、上手に聞いてあげれば、するすると話を進められるでしょう。

そして、父親は、その話に対して何か審判するという立場ではなく、できれば娘から学ぶ、という立場で。娘という自分とはまったく違う生き物が、世の中に対して何をどのように感じているのか。女性という生き物はどういうものなのか。

ただし、注意してほしいのが、「話を聞く」「娘から学ぶ」ということは、なんでもかんでも娘の言うことを尊重する、ということではありません。社会に出て生きていく上で、それは間違っている、人としてやってはいけないということに対しては、もちろん厳しく叱ってください。女子特有の世界のルールで、叱るべきか、諭すべきか、それとも見守るべきなのか、判断に迷うことがあれば、そこは母親の出番です。母親自身が、女子特有の世界のあれこれを生き抜いてきた経験者ですから、娘に対して一番適切なアドバイスができるでしょう。そこは役割分担、夫婦で連携が取れるといい部分です。

娘を持って、女性を学ぶ。女性の本質を理解しないまま、夫婦となり、家族を築くことが多い昨今です。男性は父親になって、娘を持ったら、娘から女性を学ぶことができます。ひいてはそれが、女性である妻を理解することにもつながりますから、家庭円満にもつながります。

女の子は人間関係が一番大事

同じサマースクールでの出来事です。海に沈むとてもきれいな夕日の写真が撮れたので、子どもたちに見せました。男の子に見せたところ「すげー！　真っ赤！」と、なんともかわいらしい反応。ところが、女の子に見せたところ、たまたま写っていた夕日を眺めるカップルを目ざとく見つけると、「ねぇねぇ、この二人、このあとキスしたんでしょ？」と聞いてきました。

こんな感じです。常に、人間関係が一番にくるのが女の子。満天の星の下での天体観測の最中でさえ、自分たちの恋バナに花を咲かせるのが女の子。そういう生き物です。父親として、そういう娘たちの実態を理解してあげてください。父親には思いもつかないようなことで、「そうか、そんなことが嬉しいんだ」といった新しい発見もあるでしょう。縁あって親子になったのですから、たくさんの会話を交わしましょう。自分の娘、という枠で、父親としての自分の枠に押し込めすぎずに、別の生き物として、娘から感性を学ぶようなつもりで。知らないものを知ることは嬉しいものです。

ちなみに私の妻に先ほどの一連の女の子の話をしたところ、妻には「あんたそんなことも知らなかったの」と一蹴されました。

女性の世界というのは、本当に奥深いものです。

娘の「理想の男性」になれ！

さて、もうひとつ、娘の成長において、父親が果たすべき重要な役割があります。「理想の男性像」です。

娘が思春期になると、父親としての役割はゼロに近くなります。お父さんの洗濯物と私のものは一緒に洗わないで、の世界です。女の子は大好きなお父さんだからこそ離れていきますし、それが健全な成長過程です。

本来、父親としての役割は娘がもっと小さい頃にあります。父親と娘の関係。女の子にとって、お父さんは恋人のスタートで、遊んでくれた父親が娘の「男性像」の原点となるからです。

父と娘の遊びの中で、「かわいがり続けてくれる」「笑わせ続けてくれる」「守り続けてくれる」。それが、娘の中のやがて出会う「恋人像」になっていきます。

私は妻とつき合っている時、「この人は父親にはものすごくかわいがられた人だな」と思っていて、実はそこが結婚の決め手になりました。父親にかわいがられた人には、やがて持つ自分の家族を無償の愛で包んでくれる包容力があります。お父さんからたっぷり与えられた愛情を、その分外に返したくなる。愛情はリレーです。また、父親に愛された娘は男性に対して自信を持っているので、自分が結婚をしようと考えた時にもある程度まっすぐな家庭像を描くことができるはずです。結婚式で号泣する父親というのも悪くないのではないでしょうか。娘が幸せな人生を歩むためにも、異性の親からの愛情は大切です。

母子家庭の場合、父と息子のところでもあげましたが、自分が信頼する異性の大人から、かわいがられる経験を積ませてあげてほしいと思います。最も自然で強力なのは父親の愛情かもしれませんが、祖父、おじさん、先生など、娘が信頼できる大人の男性像、というものを持つことが、娘にとって大切なのだ、ということをあげておきます。

父親が娘にできることは、無償の愛を注ぐことです。無償の愛とは娘の話を、目を見て聞くことであったり、夢中で一緒に遊ぶことであったり、そんな中で、娘のからだにじわじわとしみこんでいきます。無償の愛は、女の子がすくすく育つための芯になります。それは、父親だからできることです。

あとがき

先日、肢体不自由の子を持つ親たちの関東地区の総会に出ました。

そこで出てきた母の悩みを契機に、安定した夫婦関係――それがひいては、安定した母親像、父親像につながり、子どもが健やかに成長します――に関して、ひとつの大きな気づきがありましたのでここに記します。


ある母親の悩みです。

子どものショートステイという制度があります。保護者の病気や出張等で、一時的に養育、介護ができない方のために、短期間入所して日常生活のお世話をしてもらえる制度です。ありがたいし、意義あるシステムです。

しかし、その母親の悩みは、「『子どもを自分の手元から離し、他の人に預ける』ということに、すごく罪悪感を感じて送り出せない」というものでした。「子育て＝母親が頑張らなくてはいけないもの」という強い思い込みがあり、よそ様のところに自分の子どもを預けることが、自分が楽をしているようで、気が咎《とが》めるのでしょう。また、母親である私がそばにいてあげられない、という不安と、母親である私がいつもそばにいてあげたいのに、という不満も見え隠れ……。親の子離れはなかなか難しいものです。

愛する子どものそばに、ずっと一緒にいてあげたいという母心はよく分かりますが、自立した人間を育てるのであれば、子どもにとって、放っておかれるひとりだけの時間はとても大切です。罪悪感を感じる必要はまったくありません。

最近、私は、「仕事をしている母」を研究しているのですが、子どものために使える時間が限られているから、子どもが健やかに育たない、ということは全くないと考えています。むしろ、愛情は頻度。ぎゅっと密度の濃い時間をいかに頻繁にとれるかが大切で、それは時間の総量とは関係ありません。ですから、先ほどの例でも、親元から離す＝愛情をかけていないこと、ではまったくないのです。

そばにいてあげられない、という不安は分かりますが、外に出てしまえば、子どもは子どもなりに何とかやるものです。サマースクールで見ていても、「この子は背中と首の後ろには自分で薬をぬれないので手助けしてくださいとお母さんから言われていた子も、たいてい、ひとりで何とか頑張ってぬります。「手伝おうか？」と聞くと、「そんなの、いいよ！」と。子どもは彼らの世界の中で、もまれて、成長していくものです。

また、その母の悩みは、夫の対応へまでつながっていきます。

「私がこんなに心配しているのに、父親は『大丈夫だよ』としか言わないんですよ、先生！」

この母の悩みに対して、私は、このように返します。

「お母さん、その『大丈夫だよ』という言葉を発することこそが、父親の役割なんですよ」と。

母親が、「気軽に『大丈夫、大丈夫、大丈夫！』なんて言われても、私のこの心配を知りもしないで!!」という気持ちになるのは当然です。ただ、父親が、「大丈夫」という時は、全体を見渡して、遠くを俯瞰した上で「大丈夫」と発しているのです。遠く、というのは、その子がこれから成長していく姿です。

母親が、細々《こまごま》とした心配をする生き物ならば、父親は、全体像を俯瞰するもの。それはオスという生き物の良さでもあるといえます。母の心配が子を守り育てますが、それだけでは、子どもはメシが食える大人にはなれません。

あるタイミングから、手を離すこと。そのタイミングの判断は父親なりの嗅覚がはたらくものです。


そのように、役割を棲み分けられることに、夫婦でいること、男女のペアでいることの良さがあるといえるでしょう。世の中を見渡せば、一夫多妻の制度など、様々な婚姻形態、子育ての形がありますが、そんな中でも、男女のペアで夫婦、ということが大多数のスタイルとして確立されてきたのには、理由があると思います。

男の良さ、女の良さ、それぞれのいいところを引き出しあえるような関係で、日々を過ごし、子育てという生涯をかけて向き合っていかねばならない、難しくしかし喜ばしい出来事に取りくんでいけるといいのではないでしょうか。

家族のひとりひとり、それぞれがお互いを支えあって、幸せな家族でありますように。

平成二十五年八月

高濱正伸

構成／勝谷里美
取材協力／花まる学習会　野外体験部
箕浦健治
新井征太郎

高濱正伸（たかはま・まさのぶ）
1959年、熊本県生まれ。花まる学習会代表。熊本県立熊本高等学校卒業後、東京大学理科二類入学。同大学大学院修士課程修了。93年、小学校低学年向けに「作文」「読書」「思考力」「野外体験」に主眼を置いた学習教室「花まる学習会」を設立。その後、小学４年生～中学３年生を対象に「本格的な学習方法」を伝授する学習塾「スクールFC」を設立。子ども達の「生き抜く力」を育てることを重視している。算数オリンピック委員会理事、NPO法人「子育て応援隊むぎぐみ」の理事長も務める。著書は『わが子を「メシが食える大人」に育てる』（廣済堂出版）、『お母さんのための「男の子」の育て方』（実務教育出版）、『夫は犬だと思えばいい。』（集英社）など多数。

子《こ》どもを伸《の》ばす父《ちち》親《おや》、ダメにする父《ちち》親《おや》

高濱正伸《たかはままさのぶ》

2013年 9月 30日　初版発行
2025年 5月 15日　5版発行

発行者　山下直久
発　行　株式会社KADOKAWA
〒102-8177　東京都千代田区富士見 2-13-3
電話　0570-002-301（ナビダイヤル）
装 丁 者　緒方修一（ラーフイン・ワークショップ）
ロゴデザイン　good design company
オビデザイン　Zapp!　白金正之
印 刷 所　株式会社KADOKAWA
製 本 所　株式会社KADOKAWA

角川新書
© Masanobu Takahama 2013 Printed in Japan　ISBN978-4-04-653423-1 C0295

KADOKAWAの新書 好評既刊

語彙力こそが教養である
齋藤　孝

ビジネスでワンランク上の世界にいくために欠かせない語彙力は、あなたの知的生活をも豊かにする。読書術のほか、テレビやネットの活用法など、すぐ役立つ方法が満載！　読むだけでも語彙力が上がる実践的な一冊。

かんたん脳強化トレーニング！ 脳番地パズル
加藤俊徳

効かない脳トレはもういらない。1万人以上の脳画像の解析からたどり着いた「脳番地」別の特製パズルを解くだけで、あなたの頭がみるみるレベルアップする！　各メディアで話題の最新「脳強化メソッド」実践編の登場！

メディアと自民党
西田亮介

問題は政治による圧力ではない。小選挙区制、郵政選挙以降の党内改革、ネットの普及が、メディアに対する自民党優位の状況を生み出した。「慣れ親しみの時代」から「隷従の時代」への変化を、注目の情報社会学者が端的に炙り出す。

総理とお遍路
菅　直人

国会閉会中に行なった著者のお遍路は八十八カ所を巡るのに10年を要した。それは激動の10年。政権交代、総理就任、震災、原発事故、そして総理辞任、民主党下野まで。総理となった者は何を背負い歩き続けたのか。

成長なき時代のナショナリズム
萱野稔人

パイが拡大することを前提につくられてきた近代社会が拡大しない時代に入った21世紀、国家と国民の関係はどうなっていくのか。排外主義や格差の拡がりで新たな局面をみせるナショナリズムから考察する。

KADOKAWAの新書 ❦ 好評既刊

真田一族と幸村の城
山名美和子

真田幸隆、昌幸、そして幸村の真田三代の跡を追い、幸隆が海野氏の血脈を継ぐ者として生を受けてから、幸村が大坂夏の陣で壮絶な最期をとげるまでの、およそ一〇〇年をたどる一冊。

習近平の闘い
中国共産党の転換期

富坂　聰

2013年、習近平は蔓延する官僚腐敗に対し「虎も蝿も罰する」と宣言した。大物（虎）も小物（蝿）も罰する、と。当初冷ややかに見ていた人民は、やがて快哉を叫ぶ。習近平は中国共産党の歴史を変えようとしていた。

ギャンブル依存症
田中紀子

ギャンブル依存症は意志や根性ではどうにもならない、「治療すべき病気」である。この病気が引き金となった事件を知り、私たち日本人は学ばなくてはならない。この国が依存症大国から依存症対策国へと変わるために。

傍若無人なアメリカ経済
アメリカの中央銀行・FRBの正体

中島精也

為替相場はFRBの政策次第。日銀やECBの政策がどうあろうと、FRBが動けば、その方向に為替も動くのが世界経済の仕組みである。日米欧のキーマンたちによる金融覇権争いの姿を克明に再現する。

半市場経済
成長だけでない「共創社会」の時代

内山　節

競争原理の市場経済に関わりながらも、よりよき働き方やよりよき社会をつくろうとする「半市場経済」の営みが広がりはじめている。「志」と「価値観」の共有が働くことの充足感をもたらす共創社会の時代を遠望していく。